I0616604

RK-008

MASSIMILIANO AFIERO

ZITADELLE

L'SS PANZER-KORPS ALL'ATTACCO LUGLIO 1943

ZITADELLE - L'SS panzer-korps all'attacco luglio 1943 - RK008 CS First edition settembre 2018
by Soldiershop.com.
Cover & Art Design by Soldiershop factory. ISBN code: 978-88-93273800

First published by Soldiershop, copyright © 2018 Soldiershop (BG) ITALY.   No part of this publication may be reproduced, stored in a retrieval system or transmitted by any form or by any means, electronic, recording or otherwise without the prior permission in writing from the publishers. The publisher remains to disposition of the possible having right for all the doubtful sources images or not identifies. Visit www.soldiershop.com to read more about all our books and to buy them.

In merito alle serie :Italia storia ebook, Ritterkreuz, The Axis Forces ecc. l'editore Soldiershop informa che non essendone l'autore ne il primo editore del materiale pervenuto per la stesura del volume, declina ogni responsabilità in merito al suo contenuto di testi e/o immagini e la sua correttezza. A tal proposito segnaliamo che la pubblicazione Ritterkreuz tratta esclusivamente argomenti a carattere storico-militare e non intende esaltare alcun tipo di ideologia politica presente o del passato cosi come non intende esaltare alcun tipo di regime politico del secolo precedente ed alcuna forma di razzismo.

Note editoriali dell'edizione cartacea

Copyright per l'edizione cartacea italiana della Associazione Culturale Ritterkreuz di Via San Giorgio 11, 80021 Afragola (NA). La riproduzione delle foto qui pubblicate è severamente vietata. Il primo editore ha compiuto tutti gli sforzi necessari per contattare i titolari dei diritti di alcune delle illustrazioni riprodotte, e si impegna a riparare a eventuali errori o omissioni nelle future edizioni del presente testo.

Zitadelle: l'SS-Panzerkorps all'attacco, luglio 1943

A settantacinque anni esatti dalla battaglia di Kursk, forse il più grande scontro di mezzi corazzati di tutta la storia, abbiamo voluto ricordare l'evento, con questa nuova pubblicazione, dando ampio spazio soprattutto alle foto dell'epoca, per poter rivivere quasi da vicino quei tragici e terribili eventi, quasi 'toccare' con mano il campo di battaglia, attraverso gli scatti dei corrispondenti di guerra tedeschi, al seguito dei reparti SS: Max Büschel, Cantzler, Grönert, King, Friedrich Zschäckel e tanti altri. Foto di uomini, armi e mezzi, ripresi sul campo di battaglia, prima, durante e dopo gli scontri, durante i rari momenti di pausa, 'bloccati' per sempre sulla pellicola fotografica, vere e proprie testimonianze di storia militare. Una eccezionale documentazione fotografica, che speriamo potrà essere utile agli storici, agli studiosi di militaria e agli stessi appassionati di modellismo, che potranno attingere nuove idee per i loro figurini, modelli e diorami. Alcune foto sono già conosciute, ma noi ci siamo sforzati di inserire laddove è stato possibile anche del nuovo materiale, sicuramente inedito, proveniente dai principali archivi pubblici e privati, per riuscire a offrire ai nostri lettori un prodotto editoriale veramente nuovo. Così come, per evitare inutili ripetizioni di testi già scritti sulla battaglia nei nostri precedenti articoli e libri, abbiamo analizzato il corso delle operazioni militari soprattutto dal punto di vista della divisione Das Reich, attingendo le informazioni direttamente dai diari di guerra tedeschi e dal monumentale lavoro di Otto Weidinger sulla stessa divisione. Nel testo, non mancano però riferimenti sull'impiego delle altre formazioni dell'SS-Panzer-Korps, i cui reparti agirono sempre in stretta collaborazione nel corso dell'offensiva. Sperando di aver fatto come sempre un buon lavoro, colgo l'occasione per ringraziare tutti gli amici e i collaboratori che hanno contribuito alla realizzazione di questo libro.

Massimiliano Afiero

SOMMARIO

Piani per la nuova offensiva[1]

Il 1° luglio 1943, Adolf Hitler convocò tutti i comandanti delle unità dell'esercito e della *Luftwaffe* che dovevano essere impegnate per l'offensiva contro il saliente di Kursk, presso il suo quartier generale in Prussia Orientale, la *Wolfsschanze*. Nell'occasione li informò di aver deciso di lanciare l'operazione *Zitadelle* per il 5 luglio 1943. Il *II.SS-Panzer-Korps*, con le divisioni *Totenkopf*, *Das Reich* e *Leibstandarte*, con aggregata la *167.Inf.Div.*, sarebbe stato appoggiato per la prima volta da una *Nebelwerfer Brigade*. A partire dal 29 giugno, le divisioni del corpo iniziarono a muovere poco alla volta verso le loro zone di raggruppamento. Durante la notte tra il 29 e il 30 giugno, la pioggia cadde pesantemente in tutto il settore, trasformando le strade in pantani.

Estate 1943: l'*SS-Ogruf.* Hausser, in camicia al centro della foto. Alla sua sinistra, l'*SS-Obf.* Ostendorff, alla sua destra, l'*SS-Gruf.* Krüger e l'*SS-Ostubaf.* Hans Albin Freiherr von Reitzenstein.

Luglio 1943: cannoni d'assalto e *Panzer* tedeschi, prendono posizione prima dell'attacco, sul fronte meridionale del saliente di Kursk.

Colonna di carri *Tiger* della *Totenkopf* in marcia.

Durante la giornata, il corpo insediò il suo posto di comando nei pressi di Bol Dolschik. Malgrado le condizioni sfavorevoli delle strade e altre difficoltà, la *Totenkopf* riuscì a portare il grosso dei suoi reparti secondo i piani, nell'area Strelezkoje-Bessonowka. Durante la notte tra il 30 giugno e il 1° luglio 1943, continuò a piovere copiosamente. Secondo l'ordine di attacco, il *II.SS-Panzer-Korps* doveva penetrare la prima linea difensiva nemica nel settore Beresoff-Sadelnoje, con la divisione *Das Reich* sulla destra e la *Leibstandarte* sulla sinistra. La seconda linea difensiva nemica doveva essere invece penetrata nel settore Lutschki-Jakowlewo e da qui, le divisioni SS dovevano raggiungere l'area di Prochorowka come loro primo obiettivo. La *Totenkopf* doveva muovere due ore dopo, attaccando nel settore di Shuralinye, aprire la strada Bjelgorod-Kursk girando verso sud per poi mettersi a disposizione del corpo.

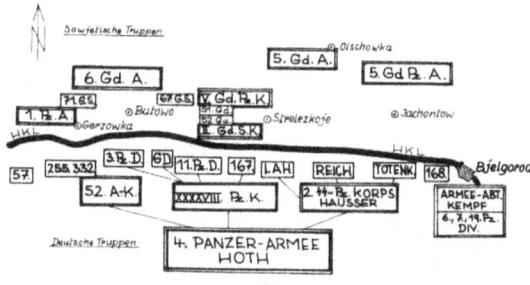

Situazione delle forze contrapposte al 4 luglio 1943

UNTERNEHMEN 'ZITADELLE' - SUDFRONT HEERESGRUPPE SUD - 4 LUGLIO 1943

Granatieri SS marciano all'interno di un fossato anticarro.

Inizia l'attacco

L'*SS-Panzer-Korps* lanciò il suo attacco alle 3:00 del 5 luglio, con un massiccio fuoco di appoggio dell'artiglieria e il supporto dell'aviazione. Gli *Stukas* colpirono l'area di Beresoff. Il tentativo di penetrare la principale linea di difesa nemica incontrò notevoli difficoltà: l'attacco delle forze di terra fu bloccato dal fuoco dell'artiglieria nemica proveniente dalla sponda occidentale del fiume Worskla e dalle foreste di Shuravliny, così come dai profondi campi minati.

Rapporto dell'*SS-Kriegsberichter* Martin Schwaebe su questo attacco: "...*la giornata del 5 luglio spuntò pallida. Due ore prima, i gruppi di guastatori d'assalto attaccarono e conquistarono gli avamposti sovietici con attacchi a sorpresa con il favore delle tenebre. Poi venne la nostra ora, l'ora della fanteria motorizzata. I sovietici avevano costruito* bunker, *campi fortificati e fossati anticarro. Questo era quello che dovevamo superare. Il fuoco dell'artiglieria sovietica s'intensificò gradualmente. Poi arrivò il momento. Avevamo raggiunto le porte dell'inferno: l'artiglieria sovietica rovesciò su di noi tutto il fuoco possibile. L'attacco fu bloccato a circa quattrocento metri dal fossato anticarro. I* Tiger *e i cannoni d'assalto, che dovevano essere qui, non erano ancora arrivati. Il nubifragio della sera precedente aveva bloccato i nostri mostri d'acciaio*".

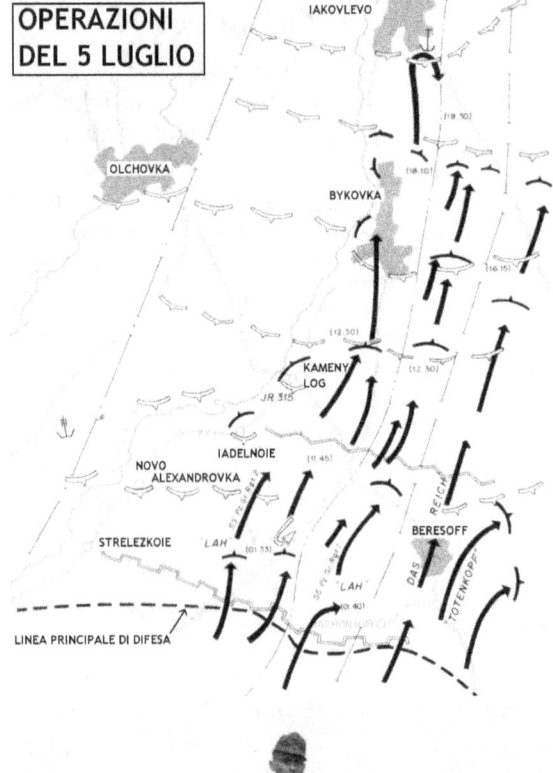

OPERAZIONI
DEL 5 LUGLIO

LINEA PRINCIPALE DI DIFESA

Reparti di fanteria SS in marcia, prima dell'attacco.

Granatieri SS all'assalto delle posizioni nemiche.

Il comandante del *II.SS-Pz.Korps*, Paul Hausser, osservò l'attacco dal posto di comando del *Deutschland*. 'E' iniziato, Obergruppenführer!', riportò il comandante del reggimento, l'*SS-Ostubaf*. Heinz Harmel. In avanti c'era il *III./Deutschland*. Il comandante del battaglione, l'*SS-Stubaf*. Wisliceny, spinse le sue compagnie all'assalto, impegnandole in combattimenti corpo a corpo. La compagnia di testa, la *10.Kompanie* dell'*SS-Hstuf*. Helmut Schreiber, raggiunse il primo fossato anticarro sotto un pesante fuoco nemico. I soldati SS mantennero le posizioni raggiunte e malgrado i furiosi contrattacchi nemici, non arretrarono di un solo metro. Il difficile attacco era stato condotto senza l'appoggio dei carri e dei cannoni d'assalto. Dopo essere rimasti bloccati dal fango, i cannoni d'assalto fecero la loro apparizione sul campo di battaglia quando gli uomini della *10./Deutschland* erano già arrivati al fossato anticarro con i pionieri di assalto della *16.Kompanie*. Alle 6:20, l'attacco fu nuovamente bloccato dal fuoco dell'artiglieria sovietica di fronte alla sponda occidentale della Worskla. La penetrazione avvenne solo quando l'artiglieria tedesca colpì pesantemente la quota 220,5 e il settore di Beresoff, insieme agli attacchi degli *Stukas* sulle colline ad ovest della Worskla e le foreste di Shuravliny. Alle 8:15, elementi del *III./Deutschland* avanzarono ad ovest di Beresoff e attaccarono la posizione da nord. Alle 8:37, il grosso del reggimento aveva superato il fossato anticarro.

Mitragliere con una *MG-42.*

Gli *Stukas* intervennero nel settore della *Leibstandarte* e del *Deutschland.* Alle 10:00, le squadre lanciafiamme, insieme con i gruppi d'assalto della *10./Deutschland* di Schreiber, superarono il sistema di trincee, giungendo nella zona meridionale di Beresoff. Nello stesso tempo, l'*SS-Panzergrenadier Regiment 'Theodor Eicke'* della *Totenkopf,* iniziò ad attaccare la posizione di Beresoff a partire dalle 10:45, superando il fossato anticarro a est della città, alle 12:30. I reparti della *Totenkopf* raggiunsero la zona meridionale delle foreste di Shuravliny, proseguendo l'attacco lungo la strada Bjelgorod-Kursk. Alle 13:30, la posizione di Beresoff fu conquistata dal *III./Deutschland:* subito dopo tuttavia, i granatieri SS incontrarono una forte resistenza nei pressi della quota 233,3, a circa sei chilometri a nord di Beresoff e dovettero anche respingere un contrattacco corazzato dei sovietici. Nel primo pomeriggio, il *I./Deutschland,* rimasto in riserva, seguì gli altri battaglioni, partecipando all'attacco contro la quota 233,3. La resistenza nemica fu travolta e furono catturati numerosi prigionieri.

Mitraglieri SS all'attacco. Notare la maschera facciale, al collo di uno dei soldati.

Il *III./Deutschland* agli ordini dell'*SS-Sturmbannführer* Günther Wisliceny, pur senza appoggio corazzato, riuscì a superare il fossato anticarro sotto il pesante fuoco nemico, conquistando le posizioni nemiche una dopo l'altra. Wisliceny fu decorato in seguito con la Croce di Cavaliere per questo successo (il 30 luglio 1943).

Alois Weber.   **Günther Wisliceny.**   **Helmut Schreiber.**

Granatieri SS impegnati nell'attacco alla prima linea difensiva nemica.

Si distinse particolarmente nei combattimenti anche il comandante della *10./Deutschland*, l'*SS-Hstuf.* Schreiber, che guidò i suoi uomini all'assalto delle posizioni nemiche. Quando il nemico avanzò contro il fianco esposto del suo reggimento con reparti di fanteria e forze corazzate, l'*SS-Hstuf.* Schreiber guidò un plotone della sua compagnia al contrattacco. Dopo un duro combattimento, riuscì così a respingere il nemico. Senza attendere ulteriori ordini, attaccò una posizione chiave nemica ed assicurando una buona base di partenza per la successiva avanzata del suo reggimento. Fu decorato anche lui con la Croce di Cavaliere, sempre il 30 luglio 1943. Anche l'*SS-Hscha.* Alois Weber, comandante di plotone nella *16.(Pi)./Deutschland*, si distinse in questo attacco. Quando l'attacco dei granatieri fu bloccato davanti alle posizioni difensive nemiche, Weber si preparò ad assaltare la linea di *bunker* con i suoi pionieri d'assalto, conquistando le posizioni una dopo l'altra, in furiosi scontri corpo a corpo.

Granatieri SS sotto il fuoco nemico.

Guastatore d'assalto con lanciafiamme.

Weber fu decorato con la Croce di Cavaliere il 30 luglio 1943. Leggiamo un estratto dal testo della sua raccomandazione per la *Ritterkreuz*[2]: *"....Con il fuoco dell'artiglieria che continuava a causare numerose perdite ora dopo ora, tra caduti e feriti, l'SS-Hauptscharführer Weber prese l'audace decisione di porsi al comando di una squadra d'assalto e lanciare un nuovo attacco per giungere fino al fossato. Senza l'appoggio di fuoco dei Tigre, condusse da solo il suo plotone all'assalto verso la linea di fortificazioni, con il solo scopo di portare soccorso al II./Deutschland. Considerando il massiccio fuoco di sbarramento del nemico, Weber analizzò ogni possibile mossa. Condusse il suo plotone attraverso i camminamenti e sotto il violento fuoco nemico. Superando il fossato, i suoi uomini riuscirono a cacciare il nemico da una posizione dopo l'altra, raggiungendo il sistema di fortificazioni sovietico. Sfruttando questo ulteriore successo, Weber prese velocemente la decisione di avanzare verso il villaggio e sulle alture vicino ad esso. In accaniti scontri corpo a corpo, con il suo gruppo, attaccò il sistema di fortificazioni comprendente circa quindici bunker e cacciò il nemico fuori da ogni posizione. Questo fece sì che il nemico abbandonasse anche la zona settentrionale e meridionale di Beresoff, scappando disordinatamente sulle alture più a nord. Grazie a questo attacco, il II./Deutschland poté riprendere la sua avanzata fuori dal fossato anticarro e poté respingere il nemico verso nord, giungendo sulla strada principale per Kursk. La premeditata avanzata, l'eccezionale coraggio e la superiore guida dell'SS-Hauptscharführer Weber (il suo gruppo d'assalto lamentò solo sei perdite), nonché la sua coraggiosa decisione, una sua personale iniziativa, resero possibile l'attacco.*

Guastatori tedeschi all'attacco con i lanciafiamme.

Un granatiere SS soccorre un ferito nemico, armato con una pistola mitragliatrice sovietica *PPSh 41*.

Un lanciafiamme utilizzato contro un'isba, forse occupata da soldati nemici, luglio 1943.

I suoi uomini svolsero un ruolo fondamentale e decisivo nella penetrazione di circa venti chilometri, operata dalla SS-Pz.-Gren.-Div. 'Das Reich' nel profondo sistema di fortificazioni sovietico su entrambi i lati di Beresoff…".

Particolarmente impegnati nelle prime fasi dell'attacco, i gruppi di guastatori d'assalto, equipaggiati con lanciafiamme. Ascoltiamo a tal proposito la testimonianza di uno di loro, Hans Huber, un pioniere d'assalto della *Das Reich*[3]: "*…il fuoco dell'artiglieria nemica ci costrinse a metterci al riparo. Si potrebbe quasi aggiungere grazie a Dio, perché quell'equipaggiamento era dannatamente pesante. Presto scoprimmo, grazie ai razzi illuminanti che venivano sparati, che il nostro 2° plotone era riuscito a penetrare nel villaggio. Il comandante di plotone Kiesel era sempre più impaziente. Mi ordinò di preparare il lanciafiamme e avanzammo verso le trincee di fronte a noi. Ogni volta che ci avvicinavamo a uno zig-zag della trincea o a un caposaldo nemico lanciavo una vampata. Era una strana sensazione usare quest'arma così distruttiva ed era terrificante vedere le fiamme prorompere, divorare e avvolgere i nemici. In poco tempo diventai nero da capo a piedi a causa del combustibile e la mia faccia era bruciata dalle fiamme che venivano soffiate contro di noi dal forte vento. Facevo fatica a vedere. Il nemico non riuscì a contrastare i lanciafiamme così noi ottenemmo buoni successi catturando molti prigionieri*". Tra i guastatori d'assalto tedeschi, c'era anche un certo Müller, che sfruttò la sua conoscenza delle lingue per trattare con i civili ucraini e fare prigionieri:

"...*Quando attaccammo il 5 luglio, c'era un reparto sovietico trincerato in un fortino che non voleva arrendersi. Arrivò allora Emil e con un curioso miscuglio di Tedesco/Russo/Polacco (che successivamente tradusse per noi) gridò: '...Ragazzi (questo era il suo inizio abituale),* venite fuori di là. Se Stare là vi scotterete il culo. A casa mogliettina e bambini aspettare voi. Vostri compagni già hanno mani alte'. *Non fu sparato nessun altro colpo e il reparto nemico nel bunker si arrese senza nessun altra perdita*". Alle 16:50, i reparti della *Leibstandarte* conquistarono la posizione di Bykowka. La resistenza sovietica iniziò ad affievolirsi man mano che l'attacco tedesco progrediva e furono osservati movimenti di reparti nemici che battevano in ritirata. Per evitare che queste forze si

Granatieri della *Waffen SS* e prigionieri sovietici, in attesa di essere trasferiti nelle retrovie.

attestassero sulla seconda linea difensiva, la *Leibstandarte* e la *Das Reich* ricevettero alle 17:00, l'ordine di mandare avanti i loro reparti corazzati per tentare di penetrare la seconda linea difensiva sovietica prima che facesse buio. Alle 18:00, tuttavia, la *Das Reich* riportò che la gola a nord di Beresoff, fosse pesantemente minata e quindi era impossibile per i carri utilizzare quella strada. Si doveva quindi passare per le foreste di Shuravliny.

PzKpfw IV della *Leibstandarte* **in mezzo ad un campo di grano.**   **Pz.III della *Das Reich*.**

Nello stesso tempo, i reparti della *Leibstandarte*, mossero dalle colline a nord-est di Bykowka, attaccando la seconda linea difensiva nemica.

PzKpfw.IV della *Leibstandarte* in marcia verso la prima linea.   Granatieri SS.

Granatieri e mezzi corazzati della *Waffen SS* in marcia.   Un *s.IG-33* da 150mm in prima linea.

Reparti di fanteria della Waffen SS attraversano un villaggio ucraino, luglio 1943.

Alle 19:30, i reparti della *Leibstandarte* erano a circa cinquecento metri a sud di questa posizione, nei pressi dei sobborghi meridionali di Jakowlewa.

12

Granatieri della *Leibstandarte* in marcia con le armi in pugno.   **Soldati della *Waffen SS*.**

Si consultano le mappe.   **Un altro gruppo di granatieri della *LSSAH* in marcia.**

Granatieri SS in un villaggio ucraino, luglio 1943.

Poiché il cattivo stato delle strade e gli ingorghi sulle stesse avevano rallentato la marcia del *Panzer Regiment* della *Das Reich*, il corpo annullò l'attacco. La seconda linea difensiva nemica sarebbe stata attaccata il giorno dopo. A sud-est di Bjelgorod, l'*Armee-Abteilung Kempf* aveva attraversato il Donetz in più punti con il *III.Panzer-Korps* e l'*XI.Armee-Korps*, ma l'avanzata dei reparti tedeschi verso nord continuò a procedere lenta, soprattutto a causa delle sfavorevoli condizioni del terreno e della forte resistenza del nemico. Questo ritardo, lasciò il fianco orientale del fronte di attacco del corpo SS di Hausser, completamente scoperto.

L'SS-Panzer Regiment 2 in azione

Ascoltiamo la testimonianza dell'*SS-Kriegsberichter* Gauss, al seguito del *I.Zug* della *Tigerkompanie* della *Das Reich*"....*Alle 4:00 (del 5 luglio), i motori si accesero e i Tiger mossero in avanti per l'attacco. Noi eravamo in mezzo a loro, dopo aver travolto la fanteria bolscevica e distrutto le posizioni anticarro e dell'artiglieria del nemico. Quindi, iniziò una battaglia corazzata di sei ore, durante la quale la nostra mezza compagnia di Tiger, con l'appoggio di forze leggere e medie, distrusse ventitré carri pesanti americani e T-34 di una formazione nemica numericamente superiore, facendo ritirare i carri superstiti. Il drammatico corso della battaglia, che mise a dura prova la resistenza degli equipaggi dei nostri carri e che può essere visto come il nuovo modo di impiegare i mezzi corazzati, merita di essere raccontato. Fin dalle prime ore della giornata, la fanteria, appoggiata dagli Stukas e dai caccia bombardieri, aveva attaccato le posizioni fortificate dei sovietici. Questi bloccarono temporaneamente la nostra avanzata, dopo la penetrazione iniziale. Sulle colline verso nord-ovest, c'erano numerose trincee e numerosi bunker ben difesi. Dietro le alture, le batterie nemiche erano in posizione e colpirono le nostre unità lanciate all'attacco. Una dopo l'altra, furono distrutte*

Carri *Tiger* della *schw.Kp./SS-Pz.Rgt.2*, in marcia verso le posizioni di partenza per l'attacco. In primo piano, l'*SS-Oscha.* e *Halbzugführer* del 2.Zug, Kurt Hellwig, nella torretta del suo carro 'S23'.

Il *Tiger 'S23'* di Hellwig, affiancato da un altro *Tiger*.

tutte le batterie nemiche. Nel campo di grano dietro all'area dove erano raggruppati i nostri Panzer, era stata dislocata una batteria di cannoni, che aveva preso a tirare contro le posizioni nemiche. Lentamente, la nostra fanteria riprese ad avanzare. Disposti su linee sottili, coperti dall'erba alta della steppa, i gruppi d'assalto strisciarono in avanti. Penetrarono tra le trincee bolsceviche e i bunker verso le 10:30. Venne quindi l'ora dei nostri Panzer. Inosservati, ci eravamo raggruppati sul fondo della valle, i Tiger *affiancati dalle compagnie leggere e medie. Attraverso i nostri binocoli, scrutavamo l'orizzonte, tentando di vedere qualcosa in mezzo al fumo che copriva i* bunker *nemici sulle colline, come un velo di morte. Il comandante della nostra mezza compagnia di carri* Tiger, *un* Obersturmführer *della Renania, la cui calma aveva impressionato tutti, ci diede l'ordine di attaccare. I motori iniziarono a rombare. Caricammo i cannoni e lentamente i nostri carri pesanti si diressero sul campo di battaglia. Dopo circa duecento metri, il primo pezzo anticarro nemico aprì il fuoco. Con un singolo tiro lo mettemmo fuori uso. Seguì un breve momento di calma.*

Granatieri e *Panzer* della *Das Reich* in marcia, luglio 1943.

Carristi SS in azione.

Un *PzKpfw.III* della *Das Reich*, impegnato contro il nemico.

Attacco corazzato da parte di alcuni *PzKpfw.IV*.

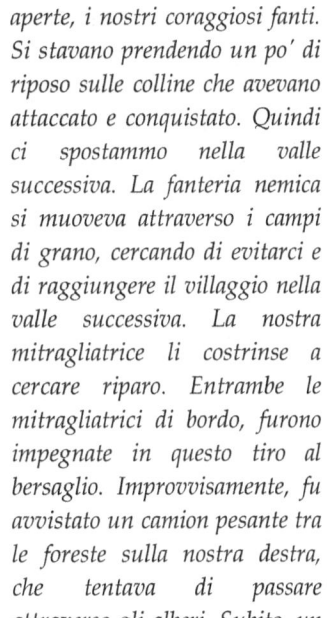

Giungemmo nei pressi delle trincee abbandonate del nemico e salutammo dalle nostre botole aperte, i nostri coraggiosi fanti. Si stavano prendendo un po' di riposo sulle colline che avevano attaccato e conquistato. Quindi ci spostammo nella valle successiva. La fanteria nemica si muoveva attraverso i campi di grano, cercando di evitarci e di raggiungere il villaggio nella valle successiva. La nostra mitragliatrice li costrinse a cercare riparo. Entrambe le mitragliatrici di bordo, furono impegnate in questo tiro al bersaglio. Improvvisamente, fu avvistato un camion pesante tra le foreste sulla nostra destra, che tentava di passare attraverso gli alberi. Subito, un proiettile sparato da uno dei

nostri panzer *lo centrò in pieno e il veicolo prese fuoco. Riprendemmo quindi la marcia. Apparve all'orizzonte una chiesa bianca, con cinque piccoli campanili a bulbo di cipolla. Subito dopo apparvero anche le prime case di un villaggio. Dei soldati sovietici fuggivano tra i giardini tentando di mettersi al riparo nelle case. Sparammo dei proiettili esplosivi: le misere capanne saltarono in aria, bruciando in pochi secondi. Erano circa le 12:00 e il sole picchiava forte sopra di noi. Avevamo aperto le botole per esplorare meglio il terreno davanti a noi.*

Fanti della *Waffen SS* penetrano in un villaggio per effettuare un rastrellamento.

Un *Tiger* della *Das Reich* e fanti SS in posizione difensiva.

Il *Tiger 'S11'* dell'*SS-Ostuf.* Philipp Theiss in azione.

Fu solo un'ora più tardi che il nemico iniziò a spararci contro. Su un'altura che dominava a nord, qualche T-34 si trovava in posizione di agguato. I primi colpi finirono davanti a noi, poi qualche altro tiro successivo s'infranse contro la nostra corazzatura frontale. Iniziammo a rispondere al fuoco: 'caricate, pronti, fuoco!'. Il primo T-34 bruciò subito dopo. Gli altri carri nemici ripiegarono dietro l'altura. Dopo essere avanzati di circa cinquecento metri, avvistammo prima una ventina, poi una trentina e infine una quarantina di carri nemici, che passavano tra gli altri carri già in fiamme. Si fermavano, tiravano contro di noi, poi riprendevano a marciare, uno dopo l'altro. I colpi nemici s'infrangevano contro la nostra corazza senza fare troppi danni. A nostra volta avanzammo ancora un poco su una posizione di tiro più favorevole, poi aprimmo il fuoco. Iniziò così una nuova battaglia di carri. A circa mille metri di distanza, le opposte forze si fronteggiavano su due pendii separati, come pezzi su una scacchiera, tentando di influenzare il fato, mossa dopo mossa, a loro favore. Tutti i Tiger *aprirono il fuoco.*

Altre due foto del *Tiger 'S11'* dell'*SS-Ostuf.* Theiss in combattimento, luglio 1943.

Il *Tiger 'S13'* dell'*SS-Ustuf.* Boehmer. La compagnia Tigre della *Das Reich*, assunse come suo emblema, il cosiddetto 'diavolo saltellante' o 'gnomo'. Willi Fey, un veterano della *Tigerkompanie*, riferì che un membro del reggimento corazzato della *Das Reich* trovò una strana statuetta in metallo per le strade di Kharkov, durante i combattimenti del marzo del 1943. La battezzò *'Springender Teufel'*. Quando questi fu trasferito alla *Tigerkompanie*, se la portò dietro e in breve divenne l'emblema della compagnia.

Il combattimento degenerò in un terribile frastuono di motori. I nostri equipaggi agivano con calma, come a un'esercitazione. Si puntava rapidamente, si caricava, si sparava: comandi semplici e rapidi.

I carri avanzavano di qualche metro, acceleravano, si spostavano a sinistra, a destra, per non essere inquadrati dal nemico, continuavano quindi a sparare....

Fanti SS, con un'operatore radio, insieme ai *Tiger*.   **Carro *Tigre* della *Das Reich* e granatiere SS.**

Dopo circa un'ora di scontri a distanza, almeno dodici T-34 erano già in fiamme. I restanti carri nemici continuarono a battersi, ma iniziarono anche a indietreggiare fino a sparire completamente dal campo di battaglia. Dopo circa quattro ore di combattimenti, sul terreno rimasero ventitré colossi di acciaio, che bruciavano davanti a noi...".

Due foto del *Tiger 'S21'* dell'*SS-Ostuf*. Reininghaus, luglio 1943.

Granatieri all'assalto.   **Granatieri e *Tiger* della *Das Reich* in attesa di attaccare.**

Zitadelle: l'SS-Panzerkorps all'attacco, luglio 1943

L'equipaggio del *Tiger 'S11'* effettua una sosta, mentre i fanti SS si portano in avanti.

Fanti della *Das Reich* seguono l'avanzata dei reparti corazzati SS, 5 luglio 1943 (NA)

Granatiere SS.

Soldati della *Waffen SS* in marcia, luglio 1941.

Tiger 'S11' dell'*SS-Ostuf*. Theiss e pionieri SS.

Giovane carrista *SS*.

5 luglio 1943: i *Tigre* della *schw.Kp./SS-Pz.Rgt*.2 avanzano in direzione delle alture ad est di Bykowka. Sullo sfondo, si estende il villaggio di Beresoff, appena conquistato.

Soldati della *Waffen SS*, attendono l'ordine di attacco, luglio 1943.

Tiger 'S01' dell'*SS-Hstuf*. Zimmermann, comandante della *schw.Kp./SS-Pz.Rgt*.2.

OPERAZIONI 6 e 7 LUGLIO

Granatieri SS avanzano sotto il fuoco nemico, 6 luglio 1943

Attacco con i lanciafiamme ad un *bunker* nemico.

Attacco alla seconda linea difensiva

Nelle prime ore del 6 luglio, la *Das Reich* organizzò le sue forze per il nuovo attacco, mandando in avanti il *Der Führer*, mentre il *Deutschland* restava più arretrato. Il raggruppamento dei reparti SS fu ancora ostacolato dalle cattive condizioni del terreno. Verso le 9:30, il *Der Führer* completò il suo dispiegamento. Dopo un massiccio fuoco di preparazione dell'artiglieria, il reggimento lanciò il suo attacco alle 10:30. Il *II./Der Führer* dell'*SS-Hstuf.* Herbert Schulze avanzò in testa, seguito dal *I.Bataillon* dell'*SS-Hstuf.* Lex. Il *III.(gep.)/DF* dell'*SS-Hstuf.* Kaiser fu invece distaccato al *Panzer Regiment* della divisione. Inizialmente, la forte resistenza nemica sulla quota 243,3, bloccò l'avanzata dei reparti SS. Solo dopo la concentrazione di fuoco di tutte le armi pesanti, la collina fu conquistata alle 11:15 e questo permise ai reparti di proseguire in avanti. Le posizioni ad ovest della quota furono conquistate alle 11:25 e il reggimento avanzò rapidamente verso est, in direzione di Lutschki. Nello stesso tempo, l'*SS-Panzer-Regiment 2*, con il *III.(gep.)/DF* aggregato, mosse in avanti e giunse nei pressi della quota 232 verso le 13:40. In quel momento, i granatieri del *Der*

21

Führer si stavano battendo dentro Lutschki, che fu definitivamente strappata al nemico. Il reggimento attaccò subito dopo le alture a est di Lutschki. Il nemico aveva concentrato numerose forze in questo settore. A fronteggiare il *II.SS-Panzer-Korps*, c'erano la 51ª divisione fucilieri della guardia, il XXXI° corpo corazzato, il V° corpo corazzato della guardia, la 1ª brigata corazzata della guardia, la 49ª brigata corazzata e la 96ª brigata corazzata. Dopo la conquista di Lutschki, il *Der Führer* raggruppò i suoi reparti e ricevette l'ordine di appoggiare l'azione del *Panzer Regiment*.

Un graduato della *Waffen SS*, segue il corso della battaglia.

Il *PzKpfw.III 'R14'* della *Stab.Kp./SS-Pz.Rgt.2*, marcia al coperto della grossa mole del *Tiger 'S01'* dell'*SS-Hstuf*. Zimmermann. Sulla destra, un veicolo radio *SdKfz.263*.

Tre foto dell'*SS-Hstuf*. Vinzenz Kaiser, comandante del *III.(gep.)/Der Führer*, durante i combattimenti a Kursk. Nella foto al centro discute gli ordini con un suo graduato e in quella a destra, è a bordo del suo veicolo comando semicingolato.

Poiché i reparti corazzati non giunsero in tempo per proseguire insieme l'attacco, per evitare che i sovietici potessero rinforzare le loro difese, il *Der Führer* decise di proseguire da solo in avanti, verso le 14:00. Nel pomeriggio, i sovietici lanciarono numerosi contrattacchi, appoggiati dai carri, che furono respinti nell'area ad est di Lutschki dal reggimento con l'appoggio degli *SPW*. Nelle prime ore della serata, il reggimento attaccò la posizione di Kalinin e guadagnò terreno nonostante la forte resistenza del nemico.

Squadra mitraglieri della *Das Reich*, armata con *MG-42*, durante un attacco ad una posizione nemica. Nella foto in alto a destra, si intravede un caccia carri *Marder* chiamato in appoggio.

Il *III.(gep.)/DF* fu impegnato insieme al *Panzer Regiment* e ai cannoni d'assalto della divisione, avanzando in direzione di Teterewino contro i reparti della 52ª divisione fucilieri della guardia, formazioni del X° corpo corazzato e della 183ª divisione fucilieri. In quella stessa giornata, i reparti della *Leibstandarte*, dopo aver effettuato una profonda penetrazione nella seconda linea difensiva sovietica, giunsero nei pressi della quota 243,2 e poi avanzarono verso nord-est; altri elementi della stessa divisione rimasero bloccati dalla forte resistenza nemica a Jakowlewo e in altri villaggi a nord di questa posizione.

Un *SdKfz.250/11* dell'*SS-Pz.Auf.Abt.2* armato con un *Pzb 41*.   L'*SS-Ostubaf*. Harmel.

23

Fanti tedeschi al riparo.   Un veicolo radio *SdKfz.263* della *Das Reich* durante la battaglia.

Il *Grenadier-Regiment 315*, aggregato alla *Leibstandarte*, attaccò le posizioni di Kamenny Log e Streletzkoje, sulla sponda occidentale della Worskla, alfine di proteggere il fianco sinistro della divisione. La *Totenkopf Division*, impegnata sul fianco orientale del corpo, avanzò da sud-est dalla quota 225,9, continuando a mantenere aperta la strada Bjelogorod-Kursk. La divisione rastrellò le foreste a ovest della strada nell'area di Gonki, con il reggimento *Totenkopf*, poi lanciò un attacco frontale contro la principale linea di resistenza a Jerik, impegnando elementi del reggimento *'Theodor Eicke'* da sud-ovest.

Un Graduato SS.   Un granatiere SS osserva gli effetti del fuoco dell'artiglieria.

Nel corso della giornata la posizione di Jerik e la quota 198,3 furono conquistate dal *'Theodor Eicke'*, rendendo possibile il trasferimento del reggimento *Totenkopf* a Gonki e nei pressi della quota 225,9 per altre missioni. Mentre gli attacchi della *LSSAH* e della *Das Reich* facevano buoni progressi, un'improvvisa situazione di crisi si profilò sul fianco del corpo nel corso della giornata. Era il risultato dell'avanzata di forze corazzate sovietiche che si erano mosse da nord-est in direzione dell'area Roshdestwenka-Krjukowo-Nowje Losi. Verso sera, la penetrazione sovietica fu comunque bloccata, con perdite elevate per il nemico. Verso le 17:00, la ricognizione aerea tedesca avvistò trentatré carri sovietici che avevano attraversato il Donetz nei pressi di Ssochenkoff. I reparti della *Totenkopf* stabilirono subito una posizione di arresto per contenere la testa di ponte nemica. Alle 19:10, il comando della *Totenkopf* riportò di aver già distrutto almeno quindici carri nemici.

Formazione corazzata della *Totenkopf* in marcia. In primo piano un *SdKfz.251*.

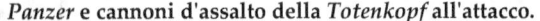

Panzer e cannoni d'assalto della *Totenkopf* all'attacco.

Granatiere SS.

Tigre della *schw.Kp./SS-Pz.Rgt.2*.

L'attacco dei *Tigre* della *Das Reich* raccontato dall'*SS-KB* Gauss:"...*al mattino del 6 luglio 1943, l'attacco proseguì con ritardo. Ancora una volta le pessime condizioni del terreno impedirono il corretto dispiegamento delle forze. L'obiettivo era quello di raggiungere la linea ferroviaria più a nord. Come condizione preliminare per l'attacco dei carri, la quota*

246,3 doveva essere conquistata dai granatieri del Reggimento Der Führer. Dopo la concentrazione di fuoco di tutte le armi pesanti, la quota fu conquistata solo alle 11:25. I carri poterono quindi proseguire verso la quota 232,0. Dodici T-34 furono distrutti nei pressi di Lutschki. L'attacco di quella giornata fu un po' meno trionfante. I nostri carri ripiegarono sotto il violento fuoco del nemico per poi mettersi al coperto in un'ansa del terreno".

Granatieri SS in un villaggio.

Un *leichte I.G.18* da 75mm in posizione.

Tiger 'S01' dell'*SS-Hstuf*. Zimmermann, in marcia.

Un *PzKpfw.III Ausf J* della *Das Reich*, supera una postazione anticarro con un *Pak 40*.

Rifornimento delle munizioni a bordo del *Tigre 'S13'* dell'*SS-Ustuf.* Boehmer.

Formazione corazzata sovietica in movimento, 1943.

Operazioni del 7 luglio

Il 7 luglio, gli ordini per il *II.SS-Panzer-Korps* erano quelli di continuare ad attaccare e conquistare le alture a nord di Prochorowka[4]. Alle 3:30, il gruppo corazzato della *Das Reich* mosse contro Teterewino, con l'ordine di conquistare la città e proseguire verso est e verso nord. I sovietici da parte loro, a partire dalle 5:00, il nemico inviò rinforzi corazzati nell'area di Jasnaja Polonja e attaccarono le posizioni del *Der Führer* da est con tre treni corazzati e la stessa Jasnaja Polonja da nord, con i carri. Un treno corazzato fu distrutto dagli *Stukas*. Il *II.SS-Panzer-Korps*, dopo l'intervento dei bombardieri in picchiata *Stukas*, mosse alle 6:00, con i reparti della *Das Reich* e la *Leibstandarte* impegnati ad avanzare verso nord-est e nord, superando la seconda linea difensiva nemica. La *Totenkopf* mosse alle 4:30 per attaccare le forze corazzate sovietiche che avevano attraversato il Donetz il giorno prima, nell'area di Roshdestwenka, la collina a est di Ssmorodino e Nepchajewo. Alle 6:33, il *Panzer Regiment* della *Das Reich* raggiunse Teterewino senza incontrare molta resistenza. Forze corazzate nemiche attaccarono la posizione di Netschajewka da nord. L'aviazione sovietica bombardò pesantemente Lutschki. Nelle prime ore della giornata, il reggimento *Der Führer* contrattaccò, riconquistando la posizione di Petrowski, che era stata persa durante la notte. Il *III./Der Führer* attaccò la linea ferroviaria nei pressi della stazione di Belenichino, impegnando in particolare la sua *10.Kompanie*. L'assalto dei granatieri SS inizialmente fu bloccato da un massiccio fuoco di sbarramento del nemico. Il reggimento *Der Führer* attaccò ancora, impegnando anche il *II./SS-Pz.Rgt.2* dell'*SS-Stubaf.* Christian Tychsen, elementi del reggimento *Deutschland* e con l'appoggio di fuoco dell'artiglieria divisionale e delle batterie *Nebelwerfer*.

Soldati sovietici rimasti gravemente ustionati vengono soccorsi e medicati dagli uomini del *III.(gep.)/Der Führer*. Nella foto in alto, sulla destra si nota un *SdKfz.251/10* armato con un *Pak 36* da 37mm, seguito da altri semicingolati.

Questa volta il nemico fu costretto a ritirarsi. Il *I.* ed il *II./Der Führer* proseguirono il loro attacco verso nord: il comandante della *10./Der Führer*, l'*SS-Ostuf.* Heinz Werner, rimase ferito nell'attacco contro il terrapieno ferroviario e l'*SS-Ustuf.* Krüger[5] assunse temporaneamente il comando della compagnia. Malgrado la sua giovane età, guidò la compagnia con molto coraggio. Leggiamo un estratto dalla sua raccomandazione per la Croce di Cavaliere, scritta dal suo comandante di battaglione, l'*SS-Stubaf.* Helmut Kämpfe: "*...durante l'attacco notturno della* 10./Der Führer *nei pressi del terrapieno ferroviario a*

Belenichino, la compagnia inaspettatamente si ritrovò ad affrontare delle posizioni nemiche ben difese. Un massiccio fuoco di sbarramento con tutte le armi a disposizione e a breve distanza, si rovesciò contro la compagnia, che fu costretta a mettersi al riparo.

SS-Ustuf. Krüger.

Fanteria tedesca all'assalto delle posizioni nemiche, luglio 1943.

Granatieri SS in prossimità di alcuni *T-34* distrutti.

Granatieri SS durante una pausa

Granatieri SS, con una *MG-42*, al riparo prima di un attacco.

Fu solo grazie alla risolutezza dell'SS-Ustuf. Krüger, che messosi al comando del suo plotone, attaccò sparando con tutte le armi disponibili, che fu possibile penetrare le posizioni nemiche più avanzate. Quando il comandante della compagnia, l'Ostuf. Werner, rimase ferito, Krüger assunse il comando dell'unità. Continuando ad avanzare, *impegnandosi in duri combattimenti corpo a corpo, la compagnia riuscì a conseguire il suo obiettivo dopo sei ore di battaglia. Malgrado fosse rimasto ferito due volte, Krüger non solo continuò a restare con i suoi uomini, ma continuò a spronarli con il suo esempio, nelle situazioni più difficili. Un carro nemico, un T-34, causò particolari problemi attaccando sul fianco, minacciando di bloccare l'attacco della compagnia. L'*Untersturmführer *Krüger si avvicinò al carro portandosi dietro delle mine anticarro. Un proiettile passò attraverso la sua tasca dei pantaloni, attivando una granata fumogena. L'*Untersturmführer *Krüger subito si tolse i pantaloni, restando solo con la camicia. Vestito così, continuò a battersi ferocemente alla testa della sua compagnia fino a quando l'obiettivo dell'attacco non fu conseguito".* L'*SS-Untersturmführer* Joachim Krüger rimase ucciso in combattimento il 14 luglio 1943. Fu decorato, a titolo postumo, con la Croce di Cavaliere il 24 giugno 1944.

L'*SS-Sturmbannführer* **Christian Tychsen, comandante del** *II./SS-Pz.Rgt.2,* **in tuta mimetica davanti al suo carro comando. Nella foto a destra impartisce ordini ad un graduato, un** *SS-Untersturmführer* **del suo stato maggiore. La scritta** *'Karracho!',* **dipinta sulla placca di protezione della torretta del carro, si riferiva al grido di 'guerra' dei carristi durante un attacco.**

Fanteria tedesca, appoggiata dai carri, muove all'attacco delle posizione nemiche, luglio 1943.

Il *III./Der Führer* fu successivamente ritirato dalla prima linea per partecipare ad un attacco corazzato contro la posizione di Gresnoje. La *15./Der Führer* fu impegnata a esplorare l'area sul fianco destro aperto del reggimento e a stabilire il collegamento con gli elementi della *167.Inf.Div.* che stavano avanzando verso est. Il comandante della compagnia, l'*SS-Ostuf.* Buch[(6)], rimase ferito e fu sostituito al comando dall'*SS-Ustuf.*

Gerhard Schmager. Alle 10:30, l'*SS-Panzer-Regiment 2* respinse numerosi contrattacchi corazzati nemici provenienti dall'area di Jasnaja Poljana. A nord-ovest di Teterewino, altri reparti corazzati nemici attaccarono il fianco sinistro del *Panzer Regiment* della *Leibstandarte*. Le formazioni di bombardieri in picchiata *Stukas*, attaccarono le concentrazioni corazzate sovietiche nel settore di Jasnaja Poljana alle 13:45.

Attacco corazzato sovietico, appoggiato dalla fanteria, luglio 1943. **Attacco degli *Stukas*.**

Serventi di un pezzo *Flak SS*, montato su un veicolo semicingolato, tentano di attirare l'attenzione dei piloti tedeschi sventolando una bandiera tedesca. **Un cannone semovente *Bison*, supera una postazione difensiva avanzata tedesca, durante la *Zitadelle*.**

Granatieri della *Waffen SS*, penetrano in un villaggio, durante un'azione offensiva.

Uno *StuG.III* e reparti di fanteria della *Waffen SS*.

Addetti alle comunicazioni.

Un semicingolato *SdkFz.251* della *Das Reich*.

Esploratori motociclisti della *Waffen SS*.

Una batteria di obici *s.FH18* da 150mm della *Waffen SS* impegnata a fornire fuoco di appoggio.

Il nemico ripiegò verso est con una ventina di carri. Alle 14:00, il battaglione esploratori della *Das Reich*, con l'appoggio di fuoco delle batterie del *II./SS-Art.Rgt.2*, attaccò le alture a circa un chilometro a sud-ovest di Teterewino, respingendo da esse le forze nemiche dopo un breve combattimento. Nella giornata del 7 luglio 1943, la situazione per il *II.SS-Panzer-Korps* era la seguente: alle 10:30, l'attacco della *Totenkopf* aveva eliminato la pericolosa minaccia sul fianco del corpo. Il nemico fu costretto a ripiegare sulla sponda orientale del Donetz. Alle 9:00, i reparti della *Leibstandarte* erano incappati in posizioni nemiche ben fortificate, nei pressi della quota 258,2, lungo la strada per Prochorowka.

Altre due foto di serventi e batterie di artiglieria della *Waffen SS* impegnate sul fronte meridionale dell'area di Kursk, luglio 1943.

Insieme ai carri della *Das Reich*, essi respinsero un massiccio attacco corazzato nemico contro il loro fronte e sul fianco nord-occidentale. Nello stesso tempo, sempre la *Leibstandarte* respinse una penetrazione corazzata nemica contro Lutschki, da nord-ovest. La divisione fu coinvolta di duri combattimenti difensivi per l'intera giornata contro i carri nemici, provenienti sempre dalla stessa direzione, mentre altri elementi sempre della *Leibstandarte* furono impegnati nella conquista della posizione di Pokrowka. Il successo di queste battaglie difensive fu reso possibile grazie anche al valido contributo della *Luftwaffe*.

Reparti motorizzati della *Waffen SS* in marcia. In cielo, un aereo da ricognizione tedesco segue la colonna, luglio 1943.   **Granatiere SS osserva un carro *T-34* sovietico in fiamme.**

OPERAZIONI 8 e 9 LUGLIO

Operazioni dell'8 luglio

Al mattino dell'8 luglio, il *II.SS-Panzer-Korps* proseguì il suo attacco, con i rinforzati reggimenti corazzati della *Leibstandarte* e della *Das Reich*. La direttrice generale dell'avanzata passava per Gresnoje, Mal.Majatschki e Ssajotinka. Il battaglione esploratori della *Das Reich* fu impegnato sul fianco destro, in direzione del Psel. Alle 9:20, il *Panzergruppe* della *Leibstandarte* fu impegnato contro forze corazzate nemiche nell'area a sud-est di Wesselji. Nello stesso tempo, una nuova minaccia corazzata fu rilevata nell'area a nord-est di

Un cannone d'assalto della Waffen SS, uno StuG III Ausf F.

Teterewino e l'*SS-StuG.-Abt. 2* fu inviato a pararla. Con una cruenta battaglia di corazzati e fanteria, la divisione *Das Reich* strappò la quota 239,6 e il villaggio di Wesselyj al nemico, con il *I.* e il *II./Der Führer*, mentre elementi del battaglione esploratori, raggiunsero la sponda meridionale del Psel e i villaggi di Prochorowka e Krasny Oktjabr[7]. Verso le 11:00, forze corazzate sovietiche penetrarono a Jablotschki, nel settore della *Leibstandarte*.

Granatieri della *Waffen SS* al seguito di un cannone d'assalto *StuG.III*, luglio 1943.

Alle 12:30, la *Das Reich* riportò di aver avvistato concentrazioni di forze corazzate nemiche, pronte ad attaccare le foreste a est di Jasnaja Poljana. I carri sovietici che erano riusciti a passare, sette dei quali erano stati distrutti, erano nell'area di Oserowskij, nei pressi di Kalinin. Altri carri nemici erano stati avvistati nel settore di Teterewino. Direttamente a est di

Un *PzKpfw.IV* ed un semicingolato *SdKfz.251*.

Teterewino, il *III./Deutschland* di Wisliceny assicurò il fianco orientale del fronte d'attacco. Nel corso della giornata, la fanteria sovietica attaccò con l'appoggio dei carri. Mentre la fanteria nemica fu respinta, almeno otto carri penetrarono le posizioni tedesche, spingendosi verso Teterewino. Un *PzKpfw.IV* danneggiato ad un cingolo, con l'appoggio dei granatieri, fu messo in posizione di fuoco, riuscendo a distruggere i carri nemici.

Uno *StuG.III Ausf G*, nei pressi di una postazione difensiva SS.

Granatieri della *Waffen SS*.

Mentre il *I.* ed il *II./Der Führer* erano coinvolti in feroci combattimenti tra le foreste, il *III.(gep.)/Der Führer*, insieme con il *II./SS-Pz.Rgt.2*, fu nuovamente impegnato in un attacco in direzione di Kostschetowka. Le forze nemiche furono respinte verso nord-ovest. Alle 12:15, la divisione *Totenkopf* riferì che una quarantina di carri nemici stava attaccando dall'area di Wyssloje e Ternowka. A Gonki, l'*SS-Panzer-Regiment 3* ricevette l'ordine di contrattaccare. Nello stesso tempo, altri reparti corazzati nemici attaccarono le posizioni della *Das Reich*, così come quelle della *Leibstandarte*. Questi attacchi furono condotti con una tale intensità, mai vista prima su un campo di battaglia e proseguirono senza sosta. Questa situazione costrinse il corpo SS sulla difensiva e fu necessario chiamare in prima linea tutte le riserve ancora disponibili. A partire dalle 13:00, il *VIII.Flieger-Korps* giunse in appoggio della *Das Reich*, impegnata in duri combattimenti difensivi. Il punto focale degli attacchi nemici si concentrò nel settore Teterewino-Kalinin-Netschajewka. La ricognizione tedesca avvistò una lunga colonna nemica proveniente dall'area di Prochorowka. Alle 13:30, i granatieri del *Deutschland* respinsero il loro terzo attacco corazzato a Kalinin.

Un gruppo di granatieri SS e addetti alle trasmissioni

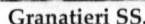

Granatieri SS.

Sotto il fuoco nemico.

Granatieri della *Leibstandarte* e soldati dell'esercito.

Un momento di riposo per questi soldati *SS*.

Nel diario di guerra dell'*SS-Panzer-Korps* in quella giornata fu riportato: "...*tra le 13:00 e le 18:00, il punto focale dell'attacco nemico era concentrato contro il settore della divisione* Das Reich, *tra le colline a nord-est di Lutschki e l'ala nord-occidentale a Teterewino. Penetrazioni corazzate nemiche, anche tra le posizioni dell'artiglieria a sud di Kalinin e direttamente a ovest di Teterewino, nel settore della LSSAH, ad ovest di Lutschki, hanno scatenato furiosi combattimenti nei quali i granatieri si sono particolarmente distinti nella distruzione dei carri nemici a distanza ravvicinata.*

Attacco portato dai carri, appoggiato dalla fanteria. **Alla ricerca del nemico.**

La distruzione di almeno un terzo dei carri nemici è stata opera dell'azione della fanteria. Grazie alla buona cooperazione con i caccia bombardieri della Luftwaffe, *la giornata è stata un completo successo per la difesa. Il numero di carri nemici distrutti è stato elevato....un totale di 290 carri solo in questa giornata dell'8 luglio 1943. Per i due reggimenti corazzati della* Das Reich *e della* Leibstandarte Adolf Hitler, *che sono stati impegnati in scontri corazzati risolti con successo, la situazione nemica e la situazione del vicino XXXXVIII.Panzer-Korps sulla sinistra, ha reso impossibile proseguire l'avanzata verso nord-ovest...*

Postazione di artiglieria. **Granatieri SS e un cannone d'assalto** *StuG.III.*

In particolare, numerose formazioni corazzate e motorizzate, con circa un centinaio di veicoli corazzati, che stavano muovendo da Prochorowka...ha reso necessario prendere delle contromisure oltre a quelle già in corso da parte della Luftwaffe. *L'SS-Panzer-Regiment 2, ha girato verso sud, colpendo sul fianco e alle spalle il nemico. Il gruppo corazzato della* Leibstandarte, *che si era già messo in marcia, è stato richiamato indietro dalla divisione. L'attacco sul fianco del* Panzer Regiment *della* Das Reich *è stato un successo completo, con la distruzione di numerosi carri nemici nel corso della serata e della notte....".*

Due foto di uno *StuG.III Ausf F* della *Leibstandarte* impegnato sul fronte meridionale del saliente di Kursk, nel luglio 1943. In realtà a partire dalla versione 'F', si dovrebbe parlare di *StuG.40*, a causa dell'utilizzo dello *Sturmkanone 40*.

Un *PzKpfw.III beobachtungwagen* della *Das Reich*, carico di prigionieri nemici.

Cannoni d'assalto della *Totenkopf* in marcia.   Carri *Tiger* e *Stug.III* della *Waffen SS*.

Un carro *Tiger* della *Totenkopf.*

Un veicolo semicingolato della *Das Reich*, passa vicino ad un carro *Churchill* distrutto, uno dei tanti forniti dagli alleati a Stalin nel corso della guerra.

Dal diario di guerra della 4.*Panzer-Armee* dell'8 luglio 1943: "*...L'8 luglio 1943, il nemico ha lanciato in battaglia la sua intera 1ᵃ armata corazzata, attaccando concentricamente con il II° e il V° corpo corazzato della guardia da est, il III° corpo meccanizzato da nord e con il VI° corpo corazzato della guardia, da ovest e da nord. Sono seguiti duri combattimenti corazzati lungo tutto l'intero fronte della* 4.Panzer-Armee. *L'attacco del II° corpo corazzato della guardia è stato respinto. Misure difensive contro l'attacco del V° corpo corazzato della guardia sono in corso. Il III° corpo meccanizzato può essere considerato distrutto dall'attacco avvolgente di entrambi i corpi. Il nemico continua a battersi principalmente con i carri e le armi pesanti. I rapporti della giornata indicano che il* II.SS-Pz.Korps *ha distrutto più di cento carri (rapporto preliminare) nel corso dei combattimenti difensivi contro gli attacchi corazzati nemici...In particolare: il* II.SS-Pz.Korps *ha respinto gli attacchi portati contro il suo fianco orientale, dopo duri combattimenti. L'attacco corazzato verso nord-ovest, portato dalle nostre forze è stato invece un completo successo, anche se è stato successivamente bloccato. La divisione* Totenkopf *ha respinto un attacco nemico portato da una trentina di carri ad ovest di Wissloje, costringendo il nemico a ripiegare oltre il fiume Donetz, dopo avergli inflitto pesanti perdite...Per tutta la giornata, la* Das Reich *fu impegnata in duri combattimenti difensivi sulla linea a est di Lutschki-Teterewino, respingendo senza sosta ondate di carri nemici che venivano da est, nord-est e da nord. Dopo queste difficili battaglie difensive, i gruppi di attacco corazzati della* Das Reich *e della* LSSAH *conquistarono la posizione di Wesselyj* *e la collina a tre chilometri a nord della stessa Wesselyj. Altre forze nemiche hanno attraversato il fiume Psel nei pressi di Kosslowka spingendosi verso sud e nello stesso tempo, massicci attacchi contro l'area di Teterewino, hanno costretto i gruppi di attacco corazzati a ritirarsi da quest'area".*

Batterie lanciarazzi *Nebelwerfer* **della** *Waffen SS***, sul fronte meridionale del saliente di Kursk.**

Esploratori motociclisti della Waffen SS durante un sosta in un villaggio, luglio 1943.

Un *leichte Inf.Gesch.18* della *Waffen SS* in posizione.

Operazioni del 9 e 10 luglio

La missione per il *II.SS-Panzer-Korps* per il 9 luglio 1943, fu descritta nell'ordine emesso dalla *4.Panzer-Armee*: *"...Il II.SS-Panzer-Korps deve distruggere le forze nemiche nell'area a nord-est di Beregowoj e conquistare la* sponda orientale del Ssalotinka su entrambi i lati di Kotschetowka. Tutte le forze disponibili devono essere impegnate in questa missione. Il 9 luglio 1943, il corpo dovrà restare sulla difensiva per respingere gli attacchi corazzati nemici provenienti da Prochorowka. Il corpo deve prepararsi ad avanzare su Prochorowka per il 10 luglio 1943". Mentre la *Da Reich* fu impegnata a respingere diversi attacchi nemici, molto più deboli rispetto a quelli del giorno prima portati sul fianco del corpo e la *Leibstandarte* assicurava le posizioni conquistate fino a quel punto, la *Totenkopf* fu rilevata dai reparti della *167.Inf.Div.*, durante la notte tra l'8 e il 9 luglio.

Un ufficiale della *Waffen SS* consulta le mappe insieme ad alcuni graduati dell'esercito prima di un nuovo attacco.

Posizione difensiva SS sul fronte di Kursk, luglio 1943.

Esploratori motociclisti della *Das Reich* in un villaggio.

La divisione SS fu quindi trasferita nell'area Teterewino-Lutschki, per partecipare all'avanzata, con il grosso della *Leibstandarte* verso nord-ovest, per ripetere l'attacco del giorno prima con lo stesso obiettivo. Durante la notte, la breccia tra l'ala sinistra della *Das Reich* (a nord di Teterewino) e l'ala destra della *Leibstandarte* (a nord di Lutschki) fu colmata.

41

Alle 3:00, l'*SS-Sturmgeschütz-Abteilung 3* della *Totenkopf* fu distaccato alla *167.Inf.Div.* A causa del ritardo nelle operazioni di rilievo dei reparti, fu solo alle 10:00, che un reggimento rinforzato con un battaglione corazzato delle due divisioni, riuscì ad avanzare verso nord-ovest dall'area Teterewino-Lutschki: la *Totenkopf* sulla destra, in direzione di Kotschetowka e la *LSSAH* sulla sinistra, in direzione di Ssuch.Ssolotino.

L'*SS-Stubaf.* Jochen Peiper.   Un cannone d'assalto e un granatiere SS, durante un attacco.

Queste forze attraversarono o aggirarono il settore Grasnoje-Mal.Majatschki, conquistando la posizione di Wesselyj (*Totenkopf*) e quella di Rylskij (*LSSAH*) nel pomeriggio, senza incontrare una forte resistenza. A quel punto, l'*SS-Panzergrenadier-Regiment 'Baum'* della *Totenkopf*, mosse verso nord-est e verso nord, con due gruppi da combattimento con la forza di un battaglione, e conquistò la posizione di Grasnoje.

PzKpfw.IV Ausf. H della 5.Kp./SS-Pz.Rgt.1 'LSSAH'

Nello stesso tempo, il battaglione corazzato della *Totenkopf* fu coinvolto contro una formazione corazzata nemica, comprendente una quarantina di carri, nei pressi della quota 224,5: nel corso degli scontri, furono distrutti almeno quattordici carri nemici. Dopo aver conquistato Rylskij, i reparti della *LSSAH* rastrellarono la parte meridionale di Ssuch.Ssolotino, impedendo alle forze nemiche di ritirarsi verso sud-ovest.

L'*SS-Staf.* Otto Baum, al centro, con l'*SS-Obf.* Hermann Priess, comandante della *Totenkopf-Division.*

Soldati SS ispezionano un *T-34* colpito e danneggiato.

Panzer impegnati a superare un fossato anticarro.

Granatieri a piedi e a bordo di uno *StuG.III* della *Totenkopf,* durante un'azione offensiva, luglio 1943.

Reparto corazzato della *Waffen SS* in marcia.

Il *Regimentsgruppe Totenkopf,* agli ordini dell'*SS-Staf.* Becker, sulla destra, iniziò a muoversi solo verso le 15:30. Dopo aver raggiunto il settore del Psel, conquistò le posizioni di Wassiljewka e Koslowka, malgrado il pesante fuoco di sbarramento scatenato dall'artiglieria sovietica. I reparti di Becker si fermarono al calar delle tenebre, rimandando al giorno dopo, la creazione di una testa di ponte sul Psel. Alle 22:00, l'*SS-Panzer-Korps,* inviò alle divisioni SS, gli ordini per il 10 luglio: "...*Il* II.SS-Panzer-Korps *deve avanzare verso nord-est lungo la linea Prochorowka-alture a est di Kartaschewka. La* LSSAH *deve avanzare lungo la strada principale verso nord-est e conquistare Prochorowka. La Totenkopf deve stabilire una testa di ponte sul Psel, avanzare verso la valle del Psel, proseguire verso nord e conquistare Beregowoje. La divisione* Das Reich *deve rimanere con la sua ala destra sulla linea del fronte, avanzare con il* Deutschland *sulla destra dietro la* LSSAH *e assicurare il fianco destro della stessa* LSSAH".

Formazione corazzata della *Totenkopf* muove all'attacco nella valle del Psel.

Un *PzKpfw.III Ausf. M* della *Totenkopf* nella valle del Psel, luglio 1943.

Soldati della *Totenkopf*, al riparo di una trincea, in attesa di muovere all'assalto delle posizioni nemiche.

Granatieri della *Waffen SS* a bordo di semicingolati.

Tigre della *Totenkopf*.

Un cannone d'assalto nei pressi di un *Nebelwerfer 41.*

Mitraglieri SS con una *MG-34*, con maschere facciali.

Granatieri SS marciano verso le posizioni di partenza per un nuovo attacco, mentre sullo sfondo dei *panzer* risalgono un pendio, per ingaggiare il nemico.

Un ufficiale SS ispeziona dei carri nemici distrutti.

Per poter stabilire i presupposti per l'attacco verso nord-est contro la linea Prochorowka-Beregowje e per stabilire la testa di ponte sul Psel, la *Totenkopf* inviò nel corso della notte, alcuni gruppi d'assalto alla conquista della quota 226,6. Tuttavia l'attacco fu bloccato dalla forte resistenza nemica e soprattutto dal fuoco dell'artiglieria nemica proveniente dall'area a sud-est di Wesselyj. Al mattino, dopo aver riposizionato i reparti, il corpo ordinò che l'attacco doveva iniziare alle 10:00 su un vasto fronte, con il *Regiment Becker* sulla destra e il *Regiment Baum* sulla sinistra. Era necessario avanzare nell'area Koslowka-Krassnij Oktjabr. Tutte le batterie dell'*SS-Panzer-Artillerie-Regiment 3* e alcune batterie *Nebelwerfer*, fornirono fuoco di appoggio. Anche la *LSSAH* doveva attaccare alle 10:00, alfine di annientare le posizioni dell'artiglieria nemica: all'ora stabilita, un gruppo reggimentale della *LSSAH*, seguito dall'*SS-Panzer-Regiment 1*, mosse verso Prochorowka dall'area di Teterewino. La *Totenkopf* attraversò il fiume Psel. L'attacco della *LSSAH* progredì lentamente, poiché i reparti SS furono bersagliati dal fuoco nemico proveniente dalla sponda settentrionale del Psel e da sud-est, dall'area di Winigradowka. Il reggimento *Deutschland*, impegnato a proteggere il fianco destro, seguì il gruppo di attacco della *LSSAH*. Almeno inizialmente, i reparti della *Totenkopf* incontrarono molte difficoltà nel riuscire a stabilire la testa di ponte sul Psel. Alcuni reparti nemici che erano riusciti ad attraversare il fiume furono respinti prontamente. Solo nel pomeriggio, i reparti SS iniziarono a guadagnare terreno, distruggendo alcune posizioni nemiche. Un improvviso miglioramento delle condizioni del tempo permise alla *Luftwaffe* di intervenire e colpire le restanti posizioni difensive dei sovietici.

Il comandante del *II.SS-Pz.Korps*, Hausser a colloquio con l'*SS-Obf*. Priess e l'*SS-Staf*. Baum, di spalle a destra.

Cannoni d'assalto della *Totenkopf*, con a bordo granatieri della stessa divisione, muovono all'attacco nel settore del Psel.

I reparti SS furono impegnati a stabilire la testa di ponte fino a tarda notte, arrivando sulla linea Michailowka-quota 226,6- Kljutschi. Da parte loro, i reparti della *Leibstandarte* attraversarono la linea ferroviaria su entrambi i lati di Iwanowskij-Wysselok: l'avanguardia dell'attacco avanzò verso nord-est continuando a battersi duramente, soprattutto nel respingere contrattacchi nemici appoggiati dai carri provenienti dall'area di Storoschewoje e dalle foreste a nord di essa.

Granatiere della *Waffen SS*.

Panzer della *Totenkopf*, pronti a muovere all'attacco.

Al tramonto, i reparti SS riuscirono a strappare al nemico la parte sud-occidentale delle foreste che si trovavano a nord di Storoschewoje e la quota 241,6. Il Battaglione esploratori della *LSSAH* estese il suo fronte di attacco verso ovest, stabilendo il collegamento con l'ala destra del fronte d'attacco della *Totenkopf* nel corso della notte. L'ala sinistra del reggimento *Deutschland*, che si era mossa dall'area di Jasnaja Poljana dopo che i reparti della *LSSAH* avevano iniziato il loro attacco, attraversò la linea ferroviaria, spingendosi verso nord-est, passando il resto della giornata a battersi contro agguerrite forze nemiche provenienti dall'area compresa tra le località di Iwanowka e Winogradowka.

Tigre della *Totenkopf*.

Mitragliere SS con una *MG-42*, tra le carcasse di carri nemici.

Squadra mitraglieri della *Waffen SS* alla periferia di un villaggio.

Fuciliere motociclista SS.

Attacco corazzato della *Waffen SS*, seguito da un mitragliere con una *MG-34*.

Granatieri SS si concedono un attimo di riposo, al riparo di una buca nel terreno, luglio 1943.

Elementi di un gruppo da ricognizione della *Waffen SS* durante un attacco ad un villaggio occupato dal nemico.

Un soldato SS presta soccorso a dei civili.

L'ala sinistra del *Der Führer* si unì all'attacco, portando i suoi elementi più avanzati nell'area ad ovest di Belenichino. Nel rapporto giornaliero della *Das Reich* inviato al *II.SS-Panzer-Korps*, fu riportato: "*...intenso traffico nemico, carri e reparti di fanteria, di fronte all'intero settore della divisione. Il traffico nemico è particolarmente attivo nell'area a sud e a nord di Belenichino. Il settore settentrionale della divisione è sottoposto a intenso fuoco da parte dell'artiglieria e dei carri nemici. Il nemico ripetutamente ha testato le posizioni del reggimento* Der Führer *con i carri, ma è stato sempre respinto. Nel settore del reggimento* Deutschland, *una compagnia nemica ha attaccato le posizioni a nord di Kalinin alle 10:00.*

Un carro Tigre della *Das Reich* danneggiato, si avvia verso le retrovie.

L'attacco è stato respinto dal fuoco concentrato delle nostre armi. Nello stesso tempo il nemico ha condotto un attacco corazzato su Kalinin da Belichinino. Il I./Deutschland è allora avanzato con la sua ala sinistra nell'area a est di Jasnaja Poljana. Alle 13:45, il III./Deutschland *ha lanciato un attacco lungo la linea ferroviaria seguendo l'attacco del* Gruppe Kraas *della* Leibstandarte. *L'attacco raggiunse il terrapieno ferroviario nei pressi del villaggio di Iwanowskij Wysselok…".*

Esploratori motociclisti SS con una bandiera strappata ad un reparto sovietico.

Un gruppo di fanti della *Leibstandarte* in marcia.

Prigionieri sovietici catturati.

Colonna di *PzKpfw.III* in un villaggio russo.

Mitraglieri SS e caccia carri *Marder*.

Reparti motociclisti della *Das Reich*, impegnati in azioni di perlustrazione, attraversano i villaggi in fiamme.

Operazioni dell'11 luglio

Il pianificato attraversamento del fiume da parte dei reparti della *Totenkopf* per continuare l'attacco dalla testa di ponte nelle prime ore del giorno, non poté verificarsi poiché i materiali per la costruzione dei passaggi sul fiume non giunsero in tempo. Quindi, l'inizio dell'attacco fu rinviato fino a quando i pionieri non avessero completato il loro lavoro. L'ala destra del corpo, il gruppo d'attacco della *LSSAH*, con la protezione del fianco da parte della *Das Reich*, proseguì il suo attacco sempre nella stessa direzione. Verso le 8:30 tuttavia, i reparti SS furono bloccati davanti alle posizioni nemiche, da un fossato anticarro nei pressi della quota 252,2, a sud-ovest di Prochorowka. La quota fu conquistata con un attacco avvolgente sulla destra verso le 12:00 e l'avanzata poté riprendere contro la posizione di Sowchose Oktjabrskij, fortemente difesa, che fu conquistata solo dopo duri combattimenti. Elementi dell'*SS-Pz.Gr.Rgt.1* '*LSSAH*', che avevano seguito il gruppo di attacco, lanciarono un assalto verso est, contro Storoshewoje e le foreste nello stesso settore. L'attacco fu respinto dal fuoco dell'artiglieria nemica. I reparti della *Das Reich* a copertura dei fianchi più a sud, guadagnarono terreno nell'area a sud-est di Iwanowskij Wysselok. Malgrado fossero pronti due ponti sul fiume Psel a nord di Bogorodiskojehad fin dalle ore 14:00, i reparti della *Totenkopf*, riferirono di non poter ancora muovere dalla testa di ponte. Questo perché la pioggia aveva reso impraticabile il terreno, soprattutto lungo le sponde del fiume, rendendo impossibile i movimenti dei veicoli e delle armi pesanti. Inoltre, le cattive condizioni meteorologiche resero impossibile l'intervento della *Luftwaffe*.

Reparti di fanteria della *Waffen SS*, trincerati in un fossato anticarro, in attesa dell'attacco.

Soldati SS impegnati nella preparazione dei detonatori per le granate a mano tipo *Stielhandgranate* 24, che arrivavano ai reparti al fronte ancora inerti.

Soldati della *Waffen SS* impegnati nella manutenzione giornaliera di una mitragliatrice *MG-42*.

L'autista dell'*SS-KB* Friedrich Zschäckel con la sua *MP-40*.   Ufficiali della *Waffen SS*.

Granatieri SS.

Tutto questo fece slittare l'attacco al 12 luglio 1943. Una rapida analisi della situazione del nemico portò alla conclusione che il 12 luglio fosse l'ultima giornata utile per poter condurre con successo l'attacco. Questo perché sembrava ormai impossibile continuare a difendere la piccola testa di ponte sul Psel dai continui attacchi sovietici.

Ordini per il *II.SS-Panzer-Korps* per il 12 luglio 1943: "*...il* II.SS-Pz-Korps *deve annientare le forze nemiche a sud di*

Prochorowka, quindi stabilire i presupposti per continuare l'avanzata. Ordini per le divisioni:

Leibstandarte Adolf Hitler: *mantenere il limite dell'avanzata con l'ala sinistra; avanzare con l'ala destra a est di Jamki. Attaccare la posizione di Prochorowka, insieme con la divisione* Totenkopf, *dopo aver eliminato la minaccia sul fianco dalla valle del Psel.*

Postazione dell'artiglieria e reparti della *Waffen SS* **in movimento, luglio 1943.**

Das Reich: *mantenere il limite dell'avanzata con l'ala destra. Conquistare le posizioni di Winogradowka e Iwanowka. Muovere successivamente la principale linea di resistenza lungo la cresta a sud-ovest di Praworot.*

Totenkopf: *avanzare lungo la strada Prochorowka-Kartaschewka. Attraversare la valle del Psel da nord a sud. Conquistare successivamente Wesselyj, stabilire avamposti sull'Olschanka".*

Veicoli semicingolati *SdKfz.250* **e** *251* **della** *Das Reich* **in movimento, luglio 1941.**

All'11 luglio 1943, la *Das Reich* disponeva dei seguenti carri: 34 *PzKpfw.III*, 18 *PzKpfw.IV*, un *Tiger*, otto *T-34*, sette carri comando e di osservazione e 27 cannoni d'assalto.

Reparti della *Waffen SS* in movimento.

La battaglia di Prochorowka

Dal diario di guerra del *II.SS-Panzer-Korps*: "...*Nelle prime ore della giornata* (12 luglio 1943, ndt)*, il nemico ha tentato di anticipare l'intenzione del corpo, di avanzare verso nord-est lungo la sponda nord-occidentale del Psel, con alcuni contrattacchi. Questi attacchi sono iniziati sul fianco sinistro della divisione dal settore Wesselyj-Ilinskij e successivamente sono stati condotti anche da nord-est nella valle del Psel, contro il fianco destro della divisione, nel settore di Wassiljewka, sempre appoggiati dai carri. L'intenzione del nemico, di tagliare fuori e* circondare il grosso della divisione che aveva già attraversato il fiume, fu annullata dal successo dei combattimenti difensivi. Con un immediato contrattacco dal fianco destro della divisione, Wassiljewka fu strappata al nemico. Elementi corazzati nemici sono riusciti a passare attraverso le deboli difese della LSSAH sul fianco, giungendo a minacciare le posizioni della nostra artiglieria.*

Reparti corazzati sovietici all'assalto, con fanteria al seguito o montata sugli stessi carri.

Una *Flakvierling SS*.

Proprio davanti a esse, il grosso delle forze corazzate nemiche fu distrutto a distanza ravvicinata dal fuoco diretto dell'artiglieria. Per tutta la giornata, la divisione ha respinto forti attacchi nemici portati da più di quaranta carri da nord, attacchi di fanteria con l'appoggio di carri da nord-est e da est. Questi attacchi che hanno prodotto delle penetrazioni locali, sono stati alla fine bloccati e le forze nemiche distrutte. Con un immediato contrattacco, lanciato per bloccare gli attacchi corazzati nemici dall'area di Storoshowoje, che sono stati respinti, l'ala sinistra della Das Reich ha conquistato la stessa posizione di Storoshowoje dopo una dura battaglia, assicurando la protezione del fianco destro del corpo.

Un *PzKpfw.IV* della *Leibstandarte* nell'area di Prochorowka abbandonato dal suo equipaggio.

Formazione corazzata della *Leibstandarte*, pronta a muovere all'attacco, luglio 1943.

Mitraglieri SS armati con *MG-42*, impegnati a difendere una posizione appena conquistata.

Nello stesso tempo, sono stati respinti nuovi attacchi corazzati nemici e distrutti numerosi carri sovietici. Mentre l'avanzata verso Prochorowka è stata rinviata a causa dei forti attacchi nemici frontali e sul fianco destro, la Totenkopf *ha lanciato il suo attacco con il suo gruppo corazzato verso nord, lungo la sponda settentrionale del Psel, malgrado i suoi fianchi fossero scoperti.*

Visuale del campo di battaglia, dalla torretta di un carro *Tigre* **della** *Totenkopf,* **luglio 1943.**

Un semicingolato *SdKfz.250/1* **della** *Waffen SS.*

Reparti esploratori SS.

Formazione corazzata all'attacco nel settore di Prochorowka.

Reparti motorizzati SS durante la battaglia di Prochorowka. In primo piano, uno dei tanti carri sovietici distrutti nel corso dei combattimenti.

Al calar della notte, i suoi reparti hanno conquistato la collina a ovest di Poleshajew dopo aver superato due fronti anticarro e scontrandosi con una formazione corazzata nemica. Verso mezzogiorno, il Generalfeldmarschall *von Manstein visitò il posto di comando dell'*SS-Panzer-Korps. *Malgrado le pesanti perdite subite (i rapporti preliminari riportavano 244 carri nemici distrutti), l'arrivo di nuove forze e forti concentrazioni corazzate nelle ore serali sono state rilevate tra*

Prochorowka e Petrowka, così come sul fianco orientale. La SS-Totenkopf è riuscita ad allargare la testa di ponte di Bogorodiskoje e ad avanzare lungo la strada Prochorowka-Kartischewka. Le posizioni di Wassilijewka e Andrejewka sono state conquistate dopo duri combattimenti. Si attendono forti attacchi nemici per il 13 luglio 1943....".

Un soldato della *Waffen SS* si diverte a farsi fotografare vicino alla carcassa di un carro sovietico.

Formazione corazzata della *Waffen SS, StuG.* e *SdKfz.*   Colonna di semingolati.

Il potente cannone di un carro *Tigre.*   *Tigre '914'* della *Totenkopf* .

Nelle prime ore della giornata, il reggimento *Deutschland* si preparò a seguire l'attacco della *LSSAH*, dietro la sua ala destra. Per tutta la giornata, il nemico lanciò dei forti attacchi con i carri e la fanteria nel settore della *Das Reich*. Gli attacchi furono respinti grazie all'ottima cooperazione tra tutti i reparti. Alcune penetrazioni locali, tra cui quello sull'ala sinistra della *167.Inf.Div.*, furono bloccati ed eliminati con rapidi contrattacchi. Alle 11:40, il nemico attaccò il *II./Deutschland* con i carri e la fanteria. Dopo aver respinto l'attacco, il battaglione attaccò a sua volta in direzione di Storoshewoje alle 12:55 e almeno nove carri nemici furono distrutti. Alle 13:40, lo stesso battaglione di Bissinger, aveva conquistato la parte meridionale di Storoshewoje e le foreste a sud della località.

Equipaggio di un *PzKpfw.III* della *Das Reich*. Un veicolo *Horch* della *LSSAH*.

Celebre sequenza fotografica dell'*SS-Kriegsberichter* King, con due serventi di una *MG-42* ripresi in combattimento: non era raro vedere uno dei serventi che si prestava a fare da treppiede all'arma, una posizione comunque molto pericolosa per quest'ultimo.

Alle 12:00, si verificò un attacco sovietico portato da circa settanta carri e da reparti di fanteria contro le posizioni del *I./Der Führer* di Lex, nell'area di Jasnaja Poljana. L'attacco fu respinto alle 13:50. Altri reparti sovietici attaccarono quasi nello stesso momento l'ala sinistra del *II./Der Führer* di Schulze, muovendo da Belenichino, direttamente a nord di Kalinin, con una quarantina di carri. L'ala destra dello stesso battaglione fu attaccata da una decina di carri. In quella stessa giornata, il comandante del reggimento *Der Führer*, l'*SS-Ostubaf.* Sylvester Stadler, riferì di aver avvistato una colonna corazzata sovietica, comprendente una cinquantina di carri, che si stava avvicinando pericolosamente alle posizioni del reggimento. A quel punto, il *III./SS-Panzer-Regiment 2*, agli ordini dell'*SS-Hstuf.* Erhard Asbahr[8] ed equipaggiato in parte con carri *T-34*, catturati e modificati, si lanciò al contrattacco: in breve tempo, tutti i cinquanta carri nemici furono distrutti, colti completamente di sorpresa, ingannati anche dalla forma familiare dei *T-34* della *Waffen SS*.

SS-Hscha. Emil Seibold.

Uno dei *T-34* recuperati e modificati del *III./SS-Pz.Rgt.2.*

Equipaggio del *T-34* di Seibold, primo a destra nella foto.

Si distinse particolarmente in questi combattimenti, l'*SS-Hauptscharführer* Emil Seibold[9], che distrusse da solo almeno una ventina di carri nemici. Nel corso dell'attacco contro le posizioni del *II./Der Führer*, i sovietici riuscirono ad effettuare una penetrazione che fu eliminata con un immediato contrattacco. Due carri nemici riuscirono tuttavia a passare, giungendo fino alle posizioni degli elementi del treno logistico della *15./Der Führer*. Uno di essi riuscì a distruggere la cucina da campo della compagnia, prima di essere distrutto a distanza ravvicinata con mine anticarro. L'altro *T-34* fu invece distrutto da un pezzo anticarro da 50mm, che si trovava in riparazione. Alle 15:40, l'*SS-Panzer-Regiment 2* riferì che due attacchi corazzati nemici lungo entrambi i lati di Kalinin erano stati bloccati e almeno una ventina di carri sovietici erano stati distrutti nel corso dei combattimenti. Intorno alle 16:00, il reggimento *Deutschland* conquistò la posizione di Storoshewoje, proseguendo il suo attacco verso est, stabilendo il collegamento con i reparti della *LSSAH*. Nelle foreste a ovest di Belenichino e a est di Kalinin, intensi attacchi nemici da parte del II° corpo corazzato della guardia, si alternarono agli immediati contrattacchi condotti dalle compagnie del *Der Führer* e solo quando fece notte, gli scontri diminuirono.

Carri sovietici con fanteria montata al seguito.

Visuale da un carro *Tiger I.*

Un gruppo di Panzer tedeschi impegnati a superare un tratto di terreno difficile, con l'aiuto dei pionieri.

Visuale della battaglia da un caccia carri *Marder.*

Fanti della *Waffen SS* in marcia, luglio 1943.

Alla ricerca degli aerei 'amici'.

Un *PzKpw.III* nel settore di Prochorowa.

Un carro *Tigre* in fiamme.

Equipaggio di un carro.

Un cannone d'assalto della *Leibstandarte*.

Un carro *T-34* impegnato nei combattimenti nel settore di Prochorowka, luglio 1943.

Postazione difensiva della *Waffen SS*.

Zitadelle: l'SS-Panzerkorps all'attacco, luglio 1943

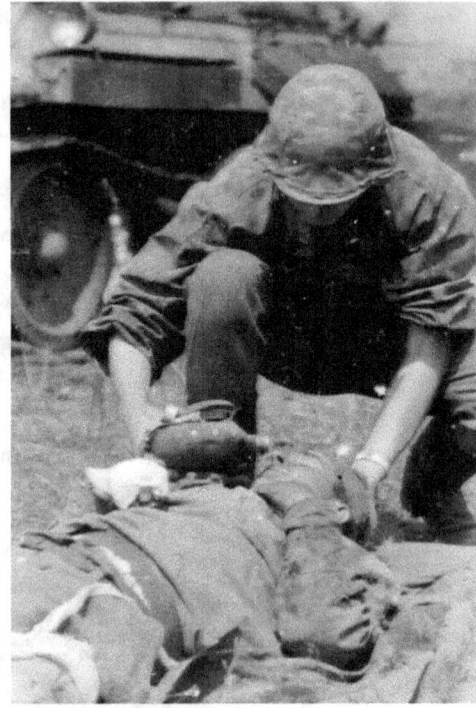

Un soldato della *Waffen SS* presta soccorso ad un carrista sovietico, uscito vivo dal suo *T-34*.

Granatieri della *Leibstandarte*, armati con mine anticarro a carica cava.

Cannoni d'assalto tedeschi durante gli scontri nell'area di Prochorowka, luglio 1943.

L'*SS-Kriegsberichter* Büschel ha saputo cogliere sul viso di questi granatieri SS, reduci dai duri combattimenti a Prochorowka, la fatica e la stanchezza. Due di loro sono rimasti anche feriti in combattimento. Da notare le differenti uniformi mimetiche utilizzate.

Postazione difensiva SS con un *le.I.G.18* da 75mm.

Ordini per il 13 luglio

Alle 23:30, il comando del *II.SS-Pz.-Korps* inviò il seguente ordine alle divisioni: "*1) il comandante dell'*Heeresgruppe Süd, *il* Generalfeldmarschall *Erich von Manstein, ha rivolto i suoi ringraziamenti e il suo apprezzamento alle divisioni del II.SS-Pz.-Korps, per i loro straordinari successi e per l'esemplare condotta dei combattimenti.*
2) Il II.SS-Panzer-Korps *ha annientato le forze nemiche che erano avanzate lungo il Psel, tra le posizioni della LSSAH e della Totenkopf, nell'area a sud-est e sud-ovest di Petrowka e ha difeso le posizioni raggiunte sulle ali, respingendo gli attacchi nemici.*

3) Missioni per il 13 luglio 1943:

a) la Das Reich *deve trasformare il precedente limite dell'avanzata in una principale linea di resistenza. Questo per formare forti riserve. La divisione si deve preparare, se necessario, di distaccare temporaneamente i suoi cannoni d'assalto alla 167.Inf.Div. per un immediato contrattacco.*

b) La LSSAH *deve mantenere le posizioni raggiunte e trasformare la sua ala destra e il fronte centrale in una principale linea di resistenza. La divisione deve prepararsi, nel caso in cui l'attacco della* Totenkopf *da nord-est avesse successo, a distruggere il nemico sul fianco sinistro insiem alla stessa* Totenkopf.

c) La Totenkopf *deve continuare il suo attacco con la sua ala destra nella valle del Psel verso nord-est e avanzare con tutte le forze disponibili (almeno con il suo gruppo corazzato al completo) verso la cresta a nord del Psel lungo la strada Beregowoje-Kartaschewka. E' necessario assicurare i passaggi sul Psel verso sud-est e distruggere le forze nemiche nell'area a sud-est di Petrowka in collaborazione con la LSSAH. Il fianco sinistro deve muovere dal corrente limite dell'avanzata. Inoltre, deve essere mantenuto il collegamento con i reparti della 11.Panzer-Division".*

Uno *StuG.III* della *Das Reich*.

Soldato SS

Attacco ad un carro *T-34* a distanza ravvicinata.

Nel tardo pomeriggio di quello stesso 12 luglio 1943, le divisioni corazzate di Breith, il *III.Panzer-Korps*, stavano procedendo rapidamente, dopo aver attraversato il fiume Donetz. La strada verso Prochorowka sembrava così essere aperta. Il *Generaloberst* Hoth, venne informato nello stesso tempo, che Model, sul fronte settentrionale del saliente di Kursk, non era riuscito a lanciare il suo pianificato attacco di rottura, poiché i sovietici avevano attaccato a loro volta proprio alle spalle della *9.Armee*, nel saliente di Orel, effettuando una profonda penetrazione. Con la città di Orel esposta alle forze nemiche, tutto il sistema dei rifornimenti per l'*Heeresgruppe Mitte* era in pericolo. Nello stesso tempo, anche le retrovie della *9.Armee* erano seriamente minacciate. Il *Generaloberst* Walter Model dovette quindi distaccare notevoli forze dalla prima linea per inviarle a fronteggiare il nuovo attacco sovietico. Nella serata del 12 luglio, il gruppo corazzato della *Totenkopf* avanzò lungo la strada Beregowoje-Kartaschewka, malgrado la forte minaccia nemica sui fianchi.

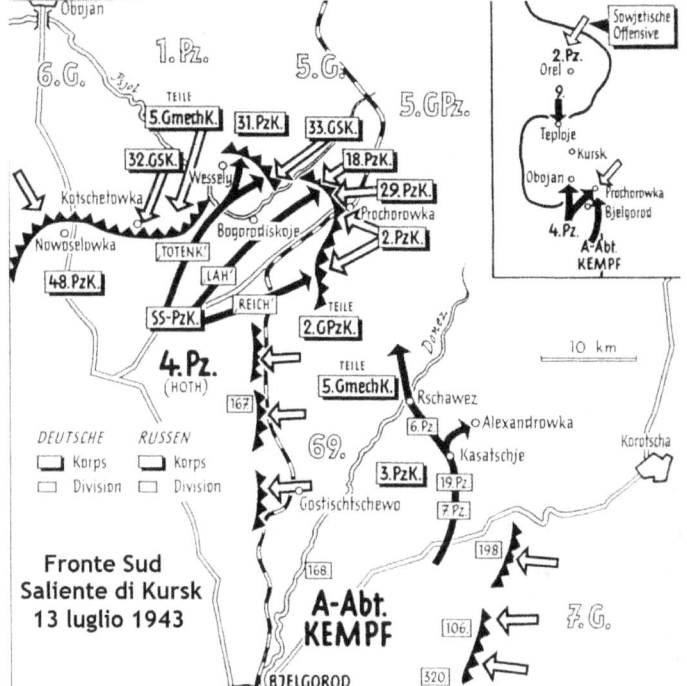

Caccia carri *Marder* della *Leibstandarte* in battaglia.

Nelle prime ore del 13 luglio, tuttavia, questi elementi furono richiamati indietro sulla testa di ponte, a causa dei nuovi contrattacchi nemici da nord. Quindi nella giornata del 13 luglio, il *II.SS-Panzer-Korps* fu chiamato a difendere le sue posizioni dai contrattacchi nemici, soprattutto sull'ala sinistra dello schieramento. Questa volta però, i sovietici impegnarono soprattutto reparti di fanteria, lasciando i reparti corazzati più indietro, facilitando l'azione difensiva dei reparti SS. La *LSSAH* respinse un attacco portato da un reggimento nemico appoggiato dai carri, proveniente da Prochorowka. Altri attacchi seguirono nel corso della giornata dall'area a est di Wesselyj e dalle colline a nord-est della stessa città, sempre portati da reparti di fanteria appoggiati dai carri. Un ultimo attacco fu portato nel pomeriggio, ma fu anch'esso respinto senza troppe perdite.

Considerando la situazione nemica sull'ala sinistra, il piano originario di avanzare lungo la sponda settentrionale del Psel per portare poi un attacco avvolgente su Prochorowka, dovette essere abbandonato, spostando lo sforzo principale del corpo sulla sua ala destra.

Motociclista e carri della *Das Reich*.

Carri distrutti e cadaveri abbandonati.

Primo tiratore di una *MG-42*. Il suo compito era quello di utilizzare l'arma in combattimento contro il nemico, scegliendo anche il punto ottimale dove posizionarla.

Secondo tiratore di *MG*. Il suo compito era quello di trasportare i caricatori con le munizioni e assicurare il rifornimento durante la battaglia al primo tiratore.

La *Das Reich* ricevette quindi l'ordine di attaccare verso est, passando per la posizione di Iwanowka, lungo la cresta verso nord-est e attaccare il villaggio di Praworot. Con un'azione locale di preparazione, l'ala sinistra della divisione avanzò direttamente a nord di Iwanowka, per stabilire le basi di partenza per il nuovo attacco pianificato per il 14 luglio 1943. Alle 7:00 di quella stessa giornata, il nemico attaccò le posizioni del *II./Der*

Führer con la fanteria e sette carri. L'attacco fu respinto. La ricognizione aerea rilevò spostamenti di reparti nemici verso nord-est, coperti da carri e nell'area di Praworot.

Una formazione corazzata della *Waffen SS*, supera un carro nemico distrutto, luglio 1943.

Uno *StuG.III* della *Waffen SS* in marcia.

Un graduato della *Waffen SS* presta le prime cure ad un camerata ferito, probabilmente colpito da una scheggia alla testa o all'occhio sinistro.

Luglio 1943, raggruppamento di veicoli dell'SS-*Aufkl.Abt.* 'LSSAH': si distinguono nella foto autoblindo *SdKfz.222*, semicingolati *SdKfz.251 Ausf. C.*, *sidecar* e vetture pesanti.

Il pianificato attacco della divisione con il suo gruppo corazzato via Belenichino-Iwanowka per conquistare le alture a sud-ovest di Praworot dovette essere modificato a causa del terreno difficile. Giunsero quindi nuovi ordini: il *I./Der Führer* doveva eliminare le posizioni nemiche lungo la linea ferroviaria dall'area a sud-ovest di Iwanoskij-Wysselok a quella a nord di Belenichino. Il *III./Deutschland* doveva invece avanzare in direzione del versante orientale della collina a ovest di Winogradowka e stabilire il collegamento con il

I./Der Führer. Alle 4:00 del 14 luglio, il *II.SS-Panzer-Korps* passò all'attacco, con la *Das Reich* che mosse dall'area a sud e a est di Jasnaja Poljana, spingendosi verso est per conquistare le alture a sud-ovest di Praworot. Dopo furiosi scontri per le strade e casa per casa, che durarono dalle 7:00 fino a mezzogiorno, la città fu conquistata.

Un cannone d'assalto dell'*SS-StuG.-Abt. 'LSSAH'*

Soldato SS al riparo.

Batteria di semoventi *'Hummel'* della *Waffen SS*.

Formazione corazzata tedesca in marcia, luglio 1943.

Con l'arrivo del suo *Panzer Regiment*, la divisione *Das Reich* proseguì il suo attacco alle 17:00. La posizione di Iwanowka fu conquistata con un rapido assalto alle 17:15 e la quota 234,9, alle 18:25. L'attacco proseguì poi verso nord-est, dove seguirono furiosi scontri con reparti corazzati nemici nel settore a ovest di Shilomostnoje, che durarono fino al calar della notte. I reparti della divisione *Das Reich*, continuarono ad attaccare anche durante quella stessa notte, nella speranza di raggiungere Praworot, il loro obiettivo, il più rapidamente possibile. A parte il fuoco dell'artiglieria e dei mortai, che s'intensificò nel corso della giornata nei settori della *LSSAH* e della *Totenkopf*, il nemico condusse solo alcune operazioni esplorative, nella valle del Psel, a sud di Wesselyj. L'arrivo continuo di rinforzi sovietici nell'area intorno alla stessa Wesselyj e in quella di

Prelestnoje, con una concentrazione di più di centocinquanta carri, dimostrava l'intenzione nemica di eliminare la testa di ponte che la *Totenkopf* aveva stabilito.

Soldati della *Waffen SS* fotografati durante i rari momenti di pausa tra i vari combattimenti.

Soldati *SS* in una località russa, completamente ridotta in macerie dal fuoco dell'artiglieria.

Osservazione delle posizioni nemiche al riparo di una trincea.   ***SS-Gruf.* Walter Krüger.**

69

Simon Grascher.

Croce di Cavaliere per l'SS-Unterscharführer Simon Grascher

Nei combattimenti nell'area di Belenichino, l'*SS-Unterscharführer* Simon Grascher[10], un comandante di plotone nella *9.Kp./Der Führer*, dimostrò di essere un soldato coraggioso. Leggiamo il testo della sua raccomandazione per la Croce di Cavaliere: "*...durante l'attacco a nord di Bjelgorod il 14 luglio 1943, l'SS-Unterscharführer Grascher, insieme al suo plotone, attaccò le posizioni nemiche ben fortificate, lungo la linea ferroviaria nei pressi di Belenichino. Quando i reparti SS raggiunsero l'area edificata del villaggio, finirono sotto un massiccio fuoco di sbarramento scatenato da tutte le armi pesanti nemiche. Particolarmente il fuoco proveniente sul fianco, da parte di due carri T-34 e alcuni* bunker, *causò notevoli perdite alla compagnia. Con eroico coraggio e incurante del fuoco difensivo nemico, Grascher riuscì a distruggere due* bunker, *alcune posizioni di fucilieri e diversi nidi di mitragliatrici. Inoltre, riuscì ad avvicinarsi abbastanza vicino ad uno dei T-34, da riuscire a distruggerlo con una carica cava.*

Reparti di fanteria della *Waffen SS* tra i campi di grano.

Il secondo carro, ben nascosto dietro un edificio continuava a sparare sulla compagnia. Malgrado l'SS-Unterscharführer Grascher non avesse con sé altre cariche cave e Tellerminen, *si avvicinò al carro e approfittando che il suo equipaggio aprì improvvisamente una botola, lo distrusse con una granata a mano. Nel corso dei combattimenti successivi, il comandante della compagnia rimase ferito. Malgrado fossero presenti altri sottufficiali più anziani e altri ufficiali, Grascher di sua iniziativa assunse il comando della compagnia, guidandola ancora all'attacco con esemplare coraggio. Sempre con l'SS-Uscha. Grascher in testa ai suoi uomini, la compagnia continuò a distruggere le posizioni nemiche, una dopo l'altra, fino a quando non fu conquistato l'intero villaggio di Belenichino, una buona posizione di partenza per i nostri successivi attacchi".*

Granatieri SS bloccati dal fuoco nemico.

Granatiere SS impegnato a scavarsi una buca.

Pionieri dell'*SS-Pi.-Btl. 'DR'* si raggruppano dietro la carcassa di un carro *Lee*.

Per questo fatto d'armi, l'*SS-Uscha*. Grascher fu decorato con la Croce di Cavaliere il 14 agosto 1943, ma a titolo postumo, visto che cadde in combattimento in quello stesso 14 luglio 1943. Il comandante della *Das Reich*, l'*SS-Gruppenführer und Generalleutnant der Waffen SS* Walter Krüger, scrisse personalmente una lettera di condoglianze per la famiglia, per onorarne il ricordo e il suo valore come soldato.

Una *MG-34* della *Waffen SS* su una postazione difensiva, luglio 1943.

Soldati della *Leibstandarte* su una posizione nemica appena conquistata, con un prigioniero sovietico, unico sopravvissuto allo scontro difensivo.

Addetti alle trasmissioni della *Waffen SS* impegnati sul campo di battaglia, luglio 1943: le trasmissioni radio spesso erano difficili su terreno accidentato, per cui era necessario stabilire dei collegamenti telefonici tra i diversi posti di comando. Il problema delle connessioni via cavo risentiva dei continui 'tagli' alle linee, a causa del fuoco dell'artiglieria nemica.

Soldati della *Leibstandarte* posano per una foto, durante una pausa nei combattimenti, luglio 1943.

Mitragliere della *Waffen SS* con una pipa in bocca.

Granatieri SS montano a bordo di un *PzKpfw.IV.*

Granatieri e carri della Waffen SS in azione.

Granatieri SS e carri sovietici distrutti.

Un veicolo semicingolato *SdKfz.11* della *Waffen SS.*

Riprendono gli attacchi

Alle 17:00, i carri della *Das Reich* lanciarono un nuovo attacco; alle 17:15, la posizione di Iwanowka fu conquistata. Intorno alle 18:25, i reparti di fanteria conquistarono la quota 234,9 e alle 18:50, i carri poterono proseguirono l'avanzata. Alle 19:40, furono impegnati in scontri a fuoco con i carri nemici a sud della quota 242,1. In quella stessa serata, giunsero gli ordini per il 15 luglio 1943: "...*la divisione* Das Reich *deve continuare ad attaccare durante la notte tra il 14 e il 15 luglio 1943. Dopo aver conquistato Praworot e la collina a nord di essa, deve attaccare verso sud con il gruppo corazzato della* LSSAH *e tentare di stabilire il collegamento con il* III.Panzer-Korps. *Dopo aver conquistato Praworot, la* LSSAH *deve attaccare e conquistare Jamki. Il gruppo corazzato sarà alle dirette dipendenze del corpo e inviato verso sud insieme alla* Das Reich. *La divisione* Totenkopf *deve continuare a mantenere le sue posizioni*". La prima fase dell'attacco, che la *Das Reich* aveva continuato durante la notte, si concluse con la conquista delle creste a est della linea Iwanowka-Winogradowka. La pioggia che si abbatté copiosa sul campo di battaglia, ostacolò notevolmente i movimenti dei reparti SS per tutta la giornata. L'ala meridionale della divisione avanzò nell'area a ovest di Mal.Jablonowo verso le 14:00, stabilendo il collegamento con la *7.Panzer-Division*, che stava avanzando da sud.

73

Un pezzo *Flak* della *LSSAH* in azione.

Di conseguenza, tutte le forze nemiche rimaste nell'area Gostischewo-Schachowo-Leski, furono tagliate fuori e minacciate di finire annientate. Per la *LSSAH* e la *Totenkopf*, la giornata passò sotto il fuoco incessante dell'artiglieria e dei mortai sovietici. Nel continuare il loro attacco verso nord-est, i reparti della *Das Reich* raggiunsero la linea quota 234,9-Iwanowka-quota 232,3-quota 242,2-quota 247,2, per girare poi verso nord-ovest in direzione della parte orientale di Storoshewoje. La pioggia incessante continuò a ostacolare gli spostamenti dei reparti SS, soprattutto quelli delle armi pesanti e le batterie dell'artiglieria. Di fronte al villaggio di Praworot furono identificati profondi campi minati e un fossato anticarro. Verso mezzogiorno, l'attacco si arenò completamente. Il terreno intorno all'area di Winogradowka si era trasformato in un'immensa palude. Inoltre, sempre nella stessa area, erano state identificate numerose postazioni anticarro e antiaeree intorno alla quota 242,7.

Soldati SS con alcuni prigionieri sovietici dopo la conquista di un villaggio (NA)

L'attacco fu quindi rinviato per la notte. Alle 12:00, elementi del gruppo corazzato della *Das Reich* stabilirono il collegamento con i reparti della *7.Panzer-Division* a Mal.Jablonowo. Alle 14:30, alcune pattuglie esploratrici inviate dal reggimento *Der Führer*, riportarono che la posizione di Leski era stata liberata dalle forze nemiche ed era difesa da elementi della *167.Inf.Div*. Il nemico nel frattempo continuò a rinforzare le sue difese, a sud e a sud-ovest di Praworot, con postazioni anticarro, carri e batterie antiaeree. Intorno alle posizioni più importanti furono inoltre costruite nuove trincee e altre ostruzioni difensive.

Sottufficiale SS.

Granatieri della *Das Reich* in un villaggio appena conquistato.

Uno *StuG.III* della *Das Reich*, bloccato dal fango mentre tentava di attraversare un piccolo corso d'acqua, viene trainato fuori da un trattore semicingolato.

Addetti alle comunicazioni di un reparto della *Waffen SS*, al riparo in una trincea.

Granatieri *SS* interrogano un soldato sovietico.

Un semicingolato in battaglia.

Esploratore motociclista SS. Un *PzKpfw.III Ausf. M* della *Das Reich* messo fuori uso.

Ordini per la divisione per il 16 luglio 1943: "*...la divisione* Das Reich *deve trasformare il suo limite dell'avanzata in una linea principale di resistenza. La* LSSAH *deve continuare a difendere la sua principale linea di resistenza. La divisione* Totenkopf *deve prepararsi ad evacuare la sua testa di ponte durante la notte tra il 17 e il 18 luglio. Gli elementi non essenziali devono essere ritirati immediatamente*".

Dopo aver stabilito il collegamento il giorno precedente con la *7.Panzer-Division*, la situazione rimase invariata. Le divisioni continuarono a mantenere le loro posizioni, sotto il fuoco incessante dell'artiglieria e dei mortai nemici. Verso le 2:00, un attacco portato contro le posizioni della *Totenkopf* fu respinto, infliggendo al nemico pesanti perdite. Intervenne anche l'aviazione nemica a colpire le posizioni della *Das Reich* e della *LSSAH*, causando perdite in uomini e materiali. Nello stesso

Motociclista della *Waffen SS*.

tempo, giunsero nuovi ordini per la riorganizzazione del corpo per nuove operazioni: la *Das Reich* e la *Leibstandarte* dovevano essere ritirate dalla prima linea e stabilire una nuova linea di resistenza, così come la *Totenkopf* doveva abbandonare la sua testa di ponte. Con gli alleati sbarcati in Sicilia, il 10 luglio 1943, Hitler aveva ormai deciso di porre fino alla '*Zitadelle*' con l'intenzione di trasferire l'intero *SS-Panzer-Korps* in Italia. La difficile situazione militare sul fronte dell'Est, fece sì che solo la *Leibstandarte* fosse trasferita nella nostra penisola, mentre la *Das Reich* e la *Totenkopf*, rimasero in Russia.

Soldati della Waffen SS sul fronte di Kursk

I fotografi di guerra al seguito dell'*SS-Panzer-Korps*, scattarono numerose foto in primo piano ai soldati, durante il corso dell'operazione *Zitadelle*. All'inizio della battaglia, questi si presentavano tutti fieri e fiduciosi nella vittoria.

I fotografi di guerra della Waffen SS

Fin dalla campagna sul fronte occidentale del 1940, al seguito delle unità della *Waffen SS* furono aggregate delle unità di corrispondenti di guerra[11] e soprattutto dei fotografi, le cui foto dovevano esaltare le gesta eroiche dei combattenti dell'Ordine Nero sulle principali riviste e giornali dell'epoca. Riportiamo di seguito alcune brevi notizie relative ai fotografi menzionati in questo volume.

Max Büschel nacque il 27 marzo 1913 a Ahorn, SS-Nr. 37 809. Nel 1941 fu al seguito della *SS-Kavallerie Brigade*. Passò quindi alla *Leibstandarte*, partecipando alla controffensiva di Kharkov, all'operazione *Zitadelle* e alle battaglie invernali sul fronte di Zithomir. Seguì la *Hohenstaufen* in Galizia nella primavera del 1944, per poi ritornare alla *Leibstandarte* sempre nel 1944. Fu trasferito in seguito all'*SS-Pz.Gr.AuE.Btl.35*.

Hermann Grönert, fu al seguito della *Totenkopf* nel 1943 per passare poi alla divisione *Reichsführer-SS* all'inizio del 1944. Nell'estate del 1944 ritornò alla Totenkopf sul fronte polacco. Il 15 agosto 1944 fu promosso al grado di *SS-Unterscharführer* e in quello stesso mese fu decorato con la Croce di Ferro di Prima Classe. Fu decorato anche con il Distintivo per gli assalti di fanteria e il Distintivo per Feriti in Argento.

Su **Johan King**, sappiamo solo che fu al seguito della *Leibstandarte* fin dal 1943, seguendola anche sul fronte di Normandia nel 1944, dove rimase ucciso in combattimento.

Friedrich Zschäckel, nacque il 3 febbraio 1910 a Merano, nel Sud Tirolo, SS-Nr. 293 231. Servì al seguito della divisione *Reich* nel 1941, poi con la *Nord* nel 1942, con la *Totenkopf* durante la controffensiva di Kharkov, di nuovo con la *Das Reich* a Kursk e con la *Hitlerjugend* in Normandia. Il 20 aprile 1944, fu promosso al grado di *SS-Obersturmführer*. Fu decorato con la Croce di Ferro di Prima Classe.

L'*SS-Kriegsberichter* **Friedrich Zschäckel**, da solo e con alcuni soldati della *Waffen SS*.

Note

(1) Per una descrizione dettagliata sui piani dell'offensiva e sulle forze in campo, si legga il capitolo su Kursk, del volume "*Waffen SS in guerra, volume II: 1943-1944*".

(2) *Persanalakte Alois Weber. Ritterkreuz Vorschlag. Bundesarchiv.*

(3) J. Lucas, "*Das Reich*", Hobby & Work s.r.l., pagina 105,106

(4) Se non diversamente indicato, Prochorowka è la città che diede il suo nome alla famosa battaglia corazzata, da non confondere con il piccolo villaggio di Prochorowka sul fiume Psel, a ovest della città, vicino Krasnyj Oktjabr.

(5) Joachim Krüger, nato il 30 novembre 1920 a Köslin, SS-Nr. 423 834. Servì fin dall'inizio nel *Der Führer*.

(6) Hermann Buch, nato il 26 febbraio 1920 a Gernsbach, SS-Nr. 357 263. Aveva servito come aiutante dell'*SS-Kradsch.Btl. 'Reich'* prima di passare al comando della *15./Der Führer*.

(7) Questo è l'altro villaggio di Prochorowka, dieci chilometri ad ovest del suo omonimo più famoso.

(8) Erhard Asbahr, nato il 14 marzo 1914 a Bartenstein, SS-Nr. 154 651. Servì nella *3./SS-'N'* e al comando dell'*SS-Pz.Jg.Abt. 'Das Reich'*.

(9) Emil Seibold nacque il 26 febbraio 1907 a Basilea in Svizzera. Il 10 aprile 1940 entrò nelle SS, servendo prima in una *SS-Totenkopf Standarte*, per poi essere trasferito alla *Das Reich*, come motociclista nell'*SS-Pz.Jg.Abt*. L'*SS-Hauptscharführer* Emil Seibold, distrusse in totale 69 carri nemici durante la sua carriera, molti dei quali (circa 23) proprio con il suo *T-34* tra il luglio e l'agosto del '43. Fu decorato con la Croce di Cavaliere nel maggio 1945.

(10) Simon Grascher nacque il 18 dicembre 1920 a Klagenfurt in Austria. Si arruolò volontario nelle SS, servendo nella *Das Reich*.

(11) Nel gennaio 1940, venne formata la prima compagnia di corrispondenti di guerra della Waffen SS, la *SS-Kriegsberichter-Kompanie* e i suoi plotoni furono assegnati alle prime quattro formazioni SS durante la campagna sul fronte occidentale e restarono con le stesse unità anche durante la campagna nei Balcani. Dall'agosto del 1941, la compagnia fu espansa a livello di battaglione (*SS-Kriegsberichter-Abteilung*), e nel dicembre del 1943, fu portata addirittura a livello reggimentale, diventando la *SS-Standarte 'Kurt Eggers'*.

Bibliografia

Massimiliano Afiero, "*Waffen SS in guerra, volume II: 1943-1944*", Associazione Culturale Ritterkreuz

S.Cazenave, R.Warnick, "*Tiger! De la schwere Kompanie/SS-Pz.Rgt.2 à la s.SS-Panzerabteilung 102/502*", Editions Heimdal

J. Lucas, "*Das Reich: il ruolo militare della 2ª divisione SS*", Hobby & Works

G.L. Mattson, "*SS-Das Reich: the history of the second SS-division 1939-45*", Amber Books, 2002

Charles Trang, "*Dictionnaire de la Waffen SS, Volume 1*", Editions Heimdal

Otto Weidinger, "*Das Reich IV:1943*", J.J. Fedorowicz Publishing Inc.

Referenze fotografiche

Bundesarchiv, Germania (BA)
Washington, D.C. National Archives and Records Administration (NA)
Berlin Document Center (BDC)
Istituto di Storia Moderna di Lubiana (MZNS)
Munin Verlag
Ullstein Bild

SOLDIERSHOP
PUBLISHING